Personality Development

인성개발 실천노트

- 변화를 이끄는 사례와 키워드 -

도서출판 윤성사 149

인성개발 실천노트
변화를 이끄는 사례와 키워드

초판 1쇄	2022년 3월 31일
초판 2쇄	2023년 2월 28일

지은이	윤정인
펴낸이	정재훈
꾸민이	안미숙

펴낸곳	도서출판 윤성사
주　소	서울특별시 서대문구 서소문로 27, 충정리시온 제지층 제비116호
전　화	대표번호_02)313-3814 / 영업부_02)313-3813 / 팩스_02)313-3812
전자우편	yspublish@daum.net
등　록	2017. 1. 23

ISBN 979-11-91503-61-6 (93330)

값 14,000원

ⓒ 윤정인, 2022

지은이와의 협의에 따라 인지를 생략합니다.

이 책의 전부 또는 일부 내용을 재사용하려면 반드시 사전에 저작권자와 도서출판 윤성사의 동의를 받아야 합니다.

잘못 만들어진 책은 구입하신 서점에서 교환 가능합니다.

인성개발 실천노트

Personality Development

변화를 이끄는 사례와 키워드

윤정인

도서출판 윤성사
YOONSEONGSA

머리말

이 책은 기업에서 요구하는 능력 중 하나인 개인의 '인성역량'을 기본으로 해서 개인적인 범위에서의 인성과 더불어 조직 및 공동체 생활에서 실천할 수 있는 사례 기반의 학습자용 워크북이다.

책의 구성은 개인적 부분에서의 인성을 기본으로 자기 자신을 먼저 이해하는 '나' 부분과 함께 공존하는 '너' 그리고 서로 만들어 나가야 하는 '우리'의 순서로 구성되어 있다. 각 장에서는 개인 차원의 인성 덕목을 키워드로 사례 활동 중심의 수업을 진행한다. 총 11개의 키워드와 사례 활동으로 구성했다. 전체 워크북 양식은 NCS 백과를 참고해 제작했다.

NCS(Natioanl Competence Standard)란 국가직무능력표준으로 산업현장에서 직무를 수행하기 위해 요구되는 지식·기술·태도 등의 내용을 체계화한 것이다. 2015년 기준 133개 공공기관에서 이미 NCS 기반의 면접과 채용을 시행하고 있으며, 점차 민간기업으로 확대되고 있는 추세이다. 이는 '스펙'이 아닌 '직무능력'으로 평가를 하는 방법으로 '무엇을 아느냐'보다는 '무엇을 할 수 있느냐'가 중요하다는 것이다.

NCS 직업기초능력은 총 10개의 능력으로 구성되어 있다. ① 의사소통, ② 수리, ③ 문제해결, ④ 자기개발, ⑤ 자원관리, ⑥ 대인관계, ⑦ 정보능력, ⑧ 기술, ⑨ 조직이해, ⑩ 직업윤리이다. 기업에서 필요로 하는 최소한의 직업 기초능력을 제시한 것이다. 더불어 이러한 능력에는 인성이라는 기본 자세를 포함하고 있다. 결국 모든 직업기초능력에는 인성이 전제되어야 하며, 바른 인성 위에 직업능력이 수행되어야 함을 말하는 것이다.

NCS 기반 능력 중심 채용의 효과		
기업·공공기관	입사지원자	사회
체계적인 평가를 통해 적합한 인재 선발	불필요한 스펙이 아닌 적합한 능력 개발	스펙초월 능력중심사회구현

향후 사회에서 필요로 하는 인재는 불필요한 스펙보다는 직무에 좀 더 적합한 실력과 경험을 바탕으로 기본적인 바른인성이 있느냐가 중요하다. NCS 기반의 체계적인 평가과정에서의 적합한 인재 또한 자격증 몇 개와 경험만이 아닐 것이다. 그 직무에서 필요로 하는 진정성 있는 마음가짐과 자세가 무엇보다 중요하다.

우리가 공부하는 인성은 마음의 평화와 안정과 같은 개인의 차원을 넘어 원하는 직무수행을 위해 인문학적 소양과 더불어 '진짜 인성'을 겸비한 인재가 되기 위함이다.

이 책의 진행은 다음과 같다.

제1장은 「자아인식」을 통해 자신의 '성격'과 긍정적 '정서'를 분석해 봄으로써 자아인식의 개념을 이해하고 실제 자신에 대해 분석할 수 있도록 구성했다.

제2장은 「가치관」으로 '자기사명서'와 '개인소명서'를 작성해 봄으로써 자신의 가치관을 재정립하는 시간을 갖도록 구성했다.

제3장은 「자존감」으로 내면적인 교육활동으로 자존감을 향상시키고, 실천계획을 작성할 수 있도록 구성했다.

제4장은 「겸손」으로 겸손에 대한 예시와 간접 체험을 통해 겸손을 습득하고 강화하는 방법에 대해 설명했다.

제5장은 「존중」으로 단어의 의미를 설명하고 그 개념을 이해하기 위해 사례와 예시를 통해 실제 체험하거나 실천하고 있는 부분에 대해 토의할 수 있도록 구성했다.

제6장은 「배려」로 그 의미를 이해할 수 있도록 정의를 함께 내려 보고 사례별 토의를 통해 학생 각각의 생각을 정리하는 시간을 갖도록 구성했다.

제7장은 「소통」으로 경청과 공감을 포함해 능동적인 소통에 대해 이해하고, 실제 실천할 수 있는 협동 활동으로 구성했다.

제8장은 「공감」으로 지식의 영역이 아닌 지혜의 영역으로 사람간의 도리와 가치의 중요성을 인성으로 정리했다. 인성은 결국 사람들과 더불어 살기 위해 변화하는 능력이자 서로 공감하는 덕목이기 때문이다.

제9장은 「책임감」으로, 특히 직장생활에서 그 중요성이 커짐에 따라 책임을 완수하기 위한 부지런함과 근면성을 포함해 정리했다. 더불어 책임지지 못할 약속이나 부탁을 거절하는 방법을 살펴봤다.

제10장은 인성의 덕목들을 아우르는 「사랑」으로 정리했다. 인성덕목으로 보는 사랑의 관점과 실천하는 사랑의 마음을 살펴본다.

제11장은 「감사」로 마무리 했다. 인성은 말이 아닌 행동이자 실천이라는 것을 강조하며 모든 것에 감사하는 마음으로 정리했다.

이상의 과정을 통해 학습자들은 학교 또는 사회에서 직접 실천할 수 있는 인성을 숙지하고, 개인차원을 넘어 조직에서 함께 업무를 수행할 수 있는 바른인성을 지닌 핵심 인재로의 발전을 희망한다.

이 책에 제시되고 있는 활동 및 사례를 통해 쉽고 재미있게 스스로 학습할 수 있기를 기대해 본다.

2022년 3월
윤정인

목차

머리말 p.4

제1장 자아인식 ······ P. 9
제1절 자아인식의 개념 p.11
제2절 자기탐색 p.18
제3절 자아분석 p.20

제2장 가치관 ······ P. 33
제1절 가치관의 이해 p.35
제2절 자기사명서 p.40

제3장 자존감 ······ P. 53
제1절 자존감의 이해 p.55
제2절 자존감의 중요성 p.58
제3절 자존감을 높이는 방법 p.62

제4장 겸손 ······ P. 79
제1절 겸손의 이해 p.81
제2절 겸손의 중요성 p.82
제3절 영화·책으로 보는 인성 p.84

제5장 존중 ······ P. 93
제1절 존중의 이해 p.95
제2절 존중의 중요성 p.95
제3절 존중 사례 p.102

제6장 배려 ······ P. 111
제1절 배려의 의미 p.113
제2절 배려의 중요성 p.113
제3절 인성덕목과 실천활동 p.118

제7장 소통 ········ P. 125

- 제1절 소통의 이해 p.127
- 제2절 소통의 중요성 p.129
- 제3절 소통 플랫폼 p.133
- 제4절 스트로크 p.137

제8장 공감 ········ P. 147

- 제1절 공감의 의미 p.149
- 제2절 공감능력 p.149
- 제3절 공감의 종류 p.150
- 제4절 인지공감의 필요성 p.153

제9장 책임감 ········ P. 161

- 제1절 책임감의 의미 p.163
- 제2절 책임과 역할 p.163
- 제3절 책임감의 활동 사례 p.165

제10장 사랑 ········ P. 175

- 제1절 사랑의 이해 p.177
- 제2절 사랑의 구성요소 p.178
- 제3절 사랑의 실천 p.180

제11장 감사 ········ P. 187

- 제1절 감사의 이해 p.189
- 제2절 감사와 행복 p.189
- 제3절 감사하는 마음을 갖는 방법 p.191

정답 p.201

참고 문헌 p.204

찾아 보기 p.207

제 1 장
자아인식

Personality Development

학습 목표

✲ 일반 목표 ✲

인성의 개념을 덕목별로 이해하고,
성격검사와 정서분석으로 자기탐색을 통한 자아인식을 할 수 있다.

✲ 세부 목표 ✲

1. 자신의 성격을 분석할 수 있다.
2. 긍정적 정서를 수치로 나타낼 수 있다.
3. 자기탐색을 통해 자신을 소개할 수 있다.

주요 용어

#인성　#체험적 인성　#자아인식　#성격　#정서　#자아분석활동

제1장
요약 정리

1. 자아인식(self-awareness)은 타인이나 환경으로부터 자신의 존재가 다르다는 것을 구별할 수 있는 능력을 뜻한다. 주변의 인간이나 물체, 환경으로부터 자신의 존재를 구별하고 이해할 수 있는 것으로 자신의 존재에 대한 깨달음으로 자아 개념을 형성하게 된다.
2. 자아인식에 영향을 미치는 요인은 기질과 환경으로 나누어 살펴볼 수 있다. 기질은 선천적으로 가지고 태어나는 각각의 고유한 영역으로, 이러한 각각의 고유기질에 따라 비슷한 환경에서도 서로 다른 생각, 감정, 행동이 다르게 나타나게 된다. 인간의 경우 양육환경 또한 자아인식에 영향을 미치는 것으로 선천적인 기질보다 아동기에 부모와의 관계, 주로 스킨십(skinships hugging)에서 형성된다.
3. 자아인식능력이란 자신의 흥미, 적성, 특성 등을 객관적으로 파악하고 이해하고 자기정체감을 확고히 하는 능력이다.
4. 자아인식은 직업생활에서 자신의 요구를 파악하고 자신의 능력 및 기술을 이해하며 자신의 가치를 인식하는 것으로 개인과 팀의 성과를 높이는 데 필수적으로 요구된다.
5. 지각, 학습, 성격, 가치관, 능력, 욕구와 같은 개인 행동의 결정요인을 설명하는 자기인식(self-perception), 자각이론은 우리가 환경을 어떻게 받아들이고, 그 환경의 자극에 어떻게 반응하는가에 영향을 미쳐 사람과의 관계에 영향을 미칠 수 있다.
6. 성격과 기질이 사람마다 다르다는 것을 이해하고, 자신의 성격과 기질, 가치관에 맞지 않는 목표, 직무보다는 적성에 맞고 좀 더 잘 적응할 수 있는 업무를 찾아 만족도를 올리는 것이 중요하다.
7. 직업인이 자신의 역량 및 자질을 개발하기 위해서는 자신을 이해하는 것이 선행되어야 한다.
8. 자아인식은 단순히 자신에 대해 알고, 받아들이는 이해보다는 실제로 내가 무엇을 잘못하고 있는지, 반성할 것은 없는지 되돌아보고 살피는 진정한 자기성찰이 중요하다.

Personality Development

제1절 자아인식의 개념

1. 자아인식

   자아인식(self-awarensee)은 타인이나 환경으로부터 자신의 존재가 다르다는 것을 구별할 수 있는 것으로, 주변의 인간이나 물체, 환경으로부터 자신의 존재를 구별하고 이해할 수 있는 능력을 말한다(심리학용어사전, 2014).

   이는 개인이 자신의 성격, 감정, 행동이나 태도를 의식적으로 알고, 이해하고 있다는 것을 의미한다. 자신의 내적인 특성을 지각하고 이해하는 '내적자아'와 다른 사람은 나를 알 수 없는 것으로 인지하고 자신만이 알고 있는 특성을 '사적자아'라고 하는데, 두 개의 자아를 포함하여 자아인식을 한다. 또한 자아인식을 자아인지(self-cognition)와 자각(self-perception)으로 설명할 수 있는데, 이는 사람들이 자기 행동의 의미를 해석함으로써 태도와 선호도를 결정한다는 가정(assumption)이다. 사람들이 자신의 태도와 선호도에 대해 추론할 때 특정한 행동 혹은 어떠한 마음에 의존하는지를 설명하는 이론이다.

   이러한 자아인식은 심리학 분야에서 주로 인식(perception)의 발달과정부터 연구되고 있는데, 자아인식에 영향을 미치는 요인을 '기질'과 '환경'으로 나누어 설명하고 있다.

   자아인식은 인간 발달의 차원과 사회적 발달에 따라 영향을 미치게 되는데, 이는 영아가 언제 처음으로 자아인식을 할 수 있는지를 알아내야 하는 맥락과도 같다.

   우리는 아직 영아가 자아인식을 처음부터 인지하고 태어나는지, 시간이 흘러 인지하게 되는지 여부에 대한 명확한 해답을 얻지 못한 상황이다. 그렇다면 영유아를 제외하더라도 성인이 된 지금 우리는 우리 자신의 자아인식을 어떻게 하고 있는가? 우리는 아동기를 지나 학령기에 들어서면서 점차적으로 자신의 심리적이고 내재적인 특성을 알게 되고 이를 말(언어)로 나타내기 시작한다. 자신이 생각하는 것을 감정과 함께 말로 표현하는 것이다. 그러나 표현의 방법에 따라, 같은 감정을 느끼더라도 감정의 전달이 다르게 나타난다. 같은 감정을 느꼈지만 표현이 서투른 것인지, 전혀 다른 감정을 느끼는 것인지가 모호하게 되는 것이다. 사람의 표현의 능력에 따라 혹은 표현의 방법에 따라

인식(perception)의 측정이 어려워 질 수 있다. 이러한 능력의 차이는 결과의 차이를 만들기 때문이다.

> Q1. 자아인식을 처음으로 하는 시기는 언제일까?
> Q2. 같은 감정에서의 표현의 차이는 자아인식의 차이인가 표현 방법의 차이인가?
> Q3. 다른 사람이 나의 단점을 꼬집어 말할 때 나는
> ✽ 화가 나는가?
> ✽ 수긍 하는가?
> ✽ 상처를 받는가?

다른 사람이 나의 단점을 꼬집어 말할 때 화가 나고 마음을 다치고 상처를 받는다면 자기는 스스로가 그런 사람이 아니라고 부정하고 있거나 혹은 그렇지 않다고 착각하고 있는 경우가 많다. 이는 실제 내가 생각하는 나의 모습과 행동에서 괴리가 생기고 있다는 것을 암시하고, 이러한 괴리감 때문에 다른 사람의 말에 화가 나는 것이다.

스스로가 자기인식이 되어 있다면 다른 사람의 비난에도 수용하고 발전적인 방향으로 나가려는 방법을 찾게 된다. 내가 못하는 것은 도움을 요청하고, 잘하는 것은 더욱 강력하게 개발하는 긍정적인 변화가 생기게 된다.

2. 자아인식능력

자아인식능력은 자아인식의 과정을 거쳐 자신의 흥미, 적성, 특성 등을 이해하고 자기 정체감을 확고히 하는 능력으로 NCS(Natioanl Competence Standard) 국가직무능력표준에서는 직장생활에서 자신의 요구를 파악하고 자신의 능력 및 기술을 이해하여 자신의 가치를 인식하는 것으로 정의하고 있다.

조직에서의 자아인식 또한 개인과 팀의 성과를 높이는데 필수적으로 요구되는 과정이며, 역량과 자질을 개발하기 위해 선행되어야 한다. 자신이 현재 하고있는 일이 적성

에 맞는지, 나의 특성이 강점으로 발휘될 수 있는 직무인지, 그저 열심히 하는 것이 아닌, 내가 잘하는 것을 해야 한다. 나의 강점이 경쟁력이 되고, 좋은 성과로 나타날때 동기부여가 되고, 만족감이 향상되기 때문이다.

3. 자아인식의 영향요인

1) 기질

개인의 내적 특성인 '기질'은 선천적으로 가지고 태어나는 것으로 각자 고유한 영역으로 이해할 수 있다. 사람은 각자 고유한 기질을 가지기 때문에 비슷한 환경이나 상황에 놓여 있더라도 자신의 기질에 따라 생각하는 방식과 느끼는 감정 또는 행동이 다르게 나타난다. 같은 상황에서 사람마다 각자 생각, 감정, 행동을 다르게 한다는 것은 이로 인해 우리가 겪는 경험이나 다른 사람과의 상호작용이 달라질 수 있다는 것을 의미한다. 이러한 경험은 결국 스스로를 어떻게 생각하는가에 대한 자아인식에도 영향을 미치게 된다는 것이다(Thompson, 2006).

예전 육아관리 TV프로그램에서 아이들의 기질을 '순한 기질(easy child)', '까다로운 기질(difficult child)', '느린 기질(slow to warm up child)'로 나누어 육아고민을 해결해 주는 것을 보았다. 이는 기질의 유형 즉 개인의 성격적 소질에 따라 민감한 반응과 특정한 유형의 정서적 반응이 다르기 때문에 기질의 특성을 알아야 한다는 것이다.

미국의 아동학자 Chess & Thomas가 제시한 아이들의 기질별 특성은 아래와 같다.

〈표 1-1〉 아이들의 기질별 특성

쉬운 아이 "순한 기질" (easy child, 40%)	• 몸의 리듬이 규칙적이다. • 잠자고 먹는 것이 순조롭다. • 대개 행복하고 즐거운 감정표현이 많다. • 낯선 상황에도 스스럼 없이 접근한다. • 새로운 환경에 적응력이 높다. • 40%의 아이들이 여기에 해당한다. • 부모-아이 관계에 긍정적인 영향을 준다. • 아이가 주체적으로 선택할 수 있는 기회를 주는 것이 필요하다.

어려운 아이 "까다로운 기질" (difficult child, 10%)	• 먹고 자는 것이 불규칙하다. • 부정적인 감정의 표현이 많다. • 환경변화에 민감하고 행동장애를 보인다. • 적응하는데 시간이 많이 걸린다. • 전체 아이의 10% 정도가 이 범주에 들어간다. • 부모의 스타일에 아이를 억지로 맞추면 부모-아이 관계에 문제가 발생하는 경우가 많다.
천천히 발동이 걸리는 아이 "더딘기질" (slow-to-warm-up child, 15%)	• 신체적으로는 규칙적이다. • 주로 긍정적인 감정표현이 많지만 표현에 시간이 걸린다. • 순한 면도 있지만 새로운 환경에서 움츠러들며 적응하는데 시간이 걸린다. • 아이들의 15% 정도가 여기에 해당한다. • 유아기에 문제가 거의 없다가 취학 기간에 문제 발생된다. • 가르치는데 애로가 있게 된다. • 성급한 부모가 새로운 것을 가르치거나 시키려면 부모 뜻대로 따라오지 못하므로 속상한 경우가 많다. • 강요할수록 아이는 더욱 거부적이 된다.

출처: Chess & Thomas(1977).

2) 기질의 구성요소

Thomas & Chess는 기질을 9가지의 구성요소로 설명하고 있는데, 각 특성들은 다음과 같다(Chess & Thomas, 1977).

① 활동수준(activity level) : 얼마나 많이 어떻게 움직이는가의 여부

② 규칙성(rhythmicity or regurarity) : 먹고 자고 배뇨에 대한 규칙성

③ 접근과 회피(approach or withdrawal) : 새로운 음식이나 물건, 사람에게 접근하는가 또는 회피하는가의 여부

④ 적응성(adaptability) : 바뀐 환경에 대한 적응성

⑤ 반응의 강도(intensity of reaction) : 강하거나 약한 반응의 강도, 얼마나 강하게 반응하는가의 여부

⑥ 반응 민감도의 하한선(threshold of responsiveness) : 반응을 일으키기에 필요한 자극의 강한 정도

⑦ 기분의 질(quality of mood) : 유쾌한, 즐거운, 다정한 혹은 반대로 불쾌함과 짜증과

같은 기분의 질
⑧ 주의산만도(distactibility) : 직접 관계가 없는 작은 자극에도 쉽게 행동이 방해 받는 가의 여부
⑨ 주의집중 기간 및 지속성(attention span and persistence) : 방해를 받아도 얼마나 오랫동안 하나의 행동을 지속할 수 있는가에 따른 주의력

긍정적이며 덜 까다로운 기질의 사람은 어떤 환경에서도 긍정적으로 반응하고, 낙관적인 미래를 예측하는 반면, 부정적이며 까다로운 기질의 사람은 부정적으로 반응하고 미래를 비관적으로 예측할 가능성이 있는 것이다. 따라서 자신에 대해 부정적으로 인지할 수도 있는 '기질'이라는 것은 자아인식과 성격발달에 중요한 요소라 할 수 있다.

3) 기질의 유형

최초의 기질유형을 분류한 것은 히포크라테스가 인간의 행동을 색으로 분류하여, 몸에는 네 가지 물질이 있는데, 인간의 행동은 이 물질에 의해 지배를 받게 된다고 생각했다. 이 물질은 혈액(적색: 뜨겁고 습함), 흑담즙(검정: 차고 건조함), 황담즙(노란색: 뜨겁고 건조함), 점액(차고 습함)이라고 했다. 히포크라테스의 이러한 주장을 1927년 아들러는 사교적인 기질(다혈질), 지배하려는 기질(담즙질), 독립적인 기질(우울질), 그리고 냉정해지려는 기질(점액질)이라 해석하고, 뒤이어 리차드 G. 아르노가 인간관계에서의 상호작용 측면에서 다섯 가지 기질로 재정리 하였다(Richard G. Adler, 1993).

이 책에서는 기질이론을 인간의 행동을 이해하고 수용하는 관계적 측면으로 보고자 한다. 타인의 행동을 이해하고, 포용하는데 기질이 영향을 미치기 때문이다.

대인관계에서의 욕구검사인 FIRO-B™(Fundamental Interpersonal Relations Orientation-Behavior™)는 각 개인의 고유한 욕구인 기질이 인간 상호관계에서 어떻게 동기부여하고 행동에 영향을 주는지 알아보는 측정도구이다. 조직에서 긍정적이고 생산적인 대인관계를 위해 검사를 하고 있다. 인간의 행동을 이해하고 수용하기 위해 영역을 나누어 욕구의 방향을 보는 방법인데, 그 영역으로는 첫째, 일반적인 대인관계인 사회적 관계(소속), 둘째, 지배하려는 경향이 포함된 리더십, 셋째, 친밀한 관계인 애정으로 보고있다. 영역의 하위개념으로의 욕구 방향은 ① 표현하려는 욕구와 ② 반응하는

욕구로 나눌 수 있다. 다음 〈표 1-2〉는 FIRO-B™와 리차드 G, 아르노의 연구를 기반으로 정리한 기질의 유형이다.

〈표 1-2〉 기질의 유형

의존적인 기질(S타입)	사교적인 기질(G타입)
1. 의존적, 안정적	1. 사교적, 쾌활하고 명랑함
2. 내성적이나 외부 지향성을 가짐	2. 외향적
3. 관계와 일을 중요시함	3. 관계 중심적
4. 봉사적, 협조적	4. 감정적, 감각적
5. 희생적	5. 낙천적, 긍정적
6. 자기 방어적	6. 열정적
7. 인정의 욕구가 강함	7. 폭발적
8. 의지력이 약함	8. 과장하려는 경향
9. 거절에 대한 두려움	9. 거절에 대한 두려움
10. 소극적(자기를 표현하지 않음)	10. 의지력 부족

독립적인 기질(우울질)	지배하려는 기질(담즙질)
1. 독립적	1. 주도적
2. 내성적	2. 선택적인 외향성
3. 일 중심적	3. 일 중심적 / 목표 지향적
4. 계획적	4. 지적인 에너지
5. 가족 중심적	5. 낙천적
6. 창의적	6. 굳건함, 완고함
7. 신뢰성, 책임감	7. 신뢰성, 책임감, 리더십
8. 완벽주의	8. 완벽주의, 자기중심적
9. 거절에 대한 두려움	9. 비판적
10. 부정적	10. 폭력적

냉정해지려는 기질(P타입)의 욕구와 특성			
1. 냉정함	2. 안정적	3. 일 중심적	4. 계획적
5. 인내심	6. 견고하고 완고함	7. 평화주의자, 중재자	8. 완벽주의자
9. 비판적	10. 이기적	11. 느리게 행동함	

기질은 태어날 때부터 지니는 본래의 자기 모습, 곧 욕구, 소질, 재능과 같은 타고난 특징이라고 할 수 있다. 이는 환경에 의해 형성되는 성격과도 다르고, 사회적으로 자기를 나타내고자 하는 자신의 모습인 인격과도 다르다. 인간의 행동은 인격에 의해 밖으로 나타나게 되는데, 인격은 가면을 쓰고 있는 형태로 밖으로 드러난 행동의 이면에 어떤 요소들이 감추어 있는지 쉽게 알 수 없다. 성격과 더 근원적인 본질인 기질을 알게 될 때 우리는 인간의 모습을 충분히 이해할 수 있다고 할 수 있다. 따라서 우리는 인격이라는 자기 모습을 형성하고 있는 이면에 또 다른 어떠한 기질의 욕구가 있는가를 발견하고 자기와 다른 사람에 대한 이해를 통해 사람과의 관계를 원만히 할 수 있게 되고, 더불어 사회적 환경에서 발생하는 스트레스에 대해서도 적절히 대처할 수 있는 것이다. 그러므로 먼저 자신의 기질을 알고 여러 환경에서 어떻게 반응하며, 어떻게 환경에서 오는 스트레스를 극복할 것인가를 알아야 할 필요가 있는 것이다.

기질을 안다는 것은 그만큼 다른 사람에 대한 이해의 폭이 넓어지게 되는 것이다. 그러나 기질을 안다는 것은 조심스럽기도 하다. 만일 어떤 사람이 다른 사람의 기질을 알고 그를 자신의 성공을 위한 도구로 이용하려고 한다면 이는 배신감을 넘어서 심각한 윤리적인 문제를 야기할 수도 있기 때문이다. 그럼에도 불구하고 이러한 기질을 이해한다는 것은 인간관계 혹은 다양한 인간의 문제들이 직업이나 일, 삶의 여러 곳에서 다가오는 위기를 잘 극복할 수 있도록 도울 수 있는 여러 방법 중 하나가 될 수 있다.

4) 환경

환경 역시 기질과 함께 자아인식 발달에 영향을 주는 요인으로, 침팬지 연구가 대표적이라 할 수 있다. 집단생활을 하면서 거울에 며칠 동안 노출되는 침팬지는 시각적 자아인식이 발달하지만, 고립된 생활을 하게 될 경우 아무리 거울에 노출된다 해도 자아인식이 발달되지 않기 때문이다(Gallup, 1979).

인간의 경우는 양육 환경이 자아인식 발달에 영향을 미치는 것으로 나타나는데, 선천적인 기질보다 아동기에서 어머니와의 사이에서 발생하는 상호작용 양상이 자아인식에 더 큰 영향을 주게 된다. 안정-애착된 아이가 불안정-애착된 아이보다 자기인식을 더 높게 하고, 자율성 역시 상호의존성이 높은 아이들이 자기인식의 가능성이 더 높다고 한다(Pipp et al., 1992; 장유진 외, 2011). 이러한 연구 결과들은 아동의 자아인식 발달에 양육자의 역할, 즉 주변의 환경이 중요하다는 것을 보여준다.

이러한 자아인식은 사회적·정서적 유능성의 중요한 근간이 되는데, 자아인식으로 인해 죄책감(guilt), 자부심(pride), 부러움(envy), 당황함(embarrassment)과 같은 자의식적인 정서를 경험하게 되는 것이다. 더불어 자아인식은 자기 스스로 기억의 형성에도 영향을 주는데, 자아인식을 잘하는 사람은 사회적으로 더욱 유능할 수 있고, 상대방의 활동을 모방하면서 더 큰 즐거움을 느낄 수도 있다. 이는 목표를 달성하기 위해 서로간의 공유와 협력을 하기 때문이다.

자아인식은 자신이 존재하고 있다는 것을 명확하게 이해하고, 인식함으로써 선천적으로 타고나는 기질과 후천적으로 영향을 받는 환경에 의해 정서적인 변화를 가질 수 있다. 따라서 자신의 기질을 알고, 타인의 기질을 이해함으로써 긍정적이고 성숙한 내면의 자아를 확립해야 한다.

제2절 자기탐색

자기탐색(self-monitoring)은 자기감찰이라는 의미로 자신이 어떤 모습으로 비치고 보이는지에 대해 정확히 파악하고 조절하는 것을 말한다(김춘경 외, 2016). 타인과의 상호작용 상황에서 자신의 사고, 감정, 행동을 표출하는데 스스로 주의 깊게 관찰하면서 그것을 조정하고 통제해 나가는 것이다. 대부분의 대인관계에서 우리는 자신이 하고 싶은 대로 행동하거나 감정을 그대로 드러내기 보다는 상대방의 반응을 살펴가며 하고 싶은 말의 표현수위를 조절한다든지, 감정표현의 정도를 조절한다.

자기탐색의 경향이 높은 사람(high self-monitoring)은 자신의 행동이 현재 마주한 상황에 적절한지에 대한 관심이 커서 상황의 변화에 따라 행동도 그에 맞추어 바꾸게 된다. 반면 자기탐색의 경향이 낮은 사람(low self-monitoring)은 다른 사람의 행동이나 말 등의 외부적인 단서에 대한 관심이 낮고 대신 자신의 내적인 감정상태나 태도에 따라 자신의 행동을 결정한다. 따라서 대인관계에서도 상대방의 반응보다는 비교적 안정된 자신의 내적인 특성에 의거한 정보를 이용하는 경우가 많고, 그 결과 상황이 바뀌어도 행동에 일관성을 유지하게 된다(김춘경 외, 2016). 이러한 자기탐색의 방법으로는 매일 일기를 쓰거나 표준화된 자기보고 질문지를 사용하기도 하는데, 객관적으로 자신을 바라볼 수 있는 도구를 사용하여, 특정 행동이나 문제되는 부분을 줄여나가거나 개선시킬 수 있다.

1. 올바른 자기탐색

나를 안다는 것은 자신의 가치, 신념, 상징, 태도 등에 대해 알고 있는 것을 넘어서 이러한 것들이 자신의 행동에 어떻게 영향을 미치는가를 아는 것이다. 자기를 지각하고 그 지각된 내용을 체계화시킴으로써 자신을 존중하고 자신을 가치 있다고 여기는 동시에 자신의 한계를 인식하고 이를 더 보완해야겠다는 욕구를 갖게 한다. 이러한 자아인식 노력은 자아정체감을 확인시켜 주고, 자아정체감은 자기개발의 토대를 마련하게 해준다. 따라서 올바른 자기탐색을 통해 자아정체감은 물론 자신의 성장욕구를 증가시키고, 자기개발을 이끌어 낼 수 있다. 이는 취업이후의 직업인으로써 자신의 능력 및 기술을 이해하고 자신의 가치를 확신하여 개인과 팀의 성과를 높이는데도 필수적으로 요구되는 것이다.

2. 자아의 구성요소

자아는 자기 자신, '나'를 일컫는 말인데, 자기 스스로의 존재를 인식하고, 타인과 외부 환경에 대해서 판단하고 행동하는 독립체라고 할 수 있다. 자아를 구성하는 요소는 학자마다 다르게 분류하고 있는데, 이는 자아가 환경이나 교육에 따라 변화하기도 하고, 여러 차원의 복잡한 구조를 가지고 있기 때문이다. 자아는 대표적으로 자신의 내면과 외면으로 나누어 구분해 볼 수 있다.

<표 1-3> 자아의 구성요소

자아	내면적 자아	외면적 자아
구성요소	자신의 내면을 구성하는 요소	자신의 외면을 구성하는 요소
	적성, 흥미, 성격, 가치관 등	외모, 나이 등

제3절 자아분석

　자아분석(ego analysis)은 자아상태의 구조와 기능을 분석하는 것으로, "상황에 대응하는 일관된 행동, 직접적으로 관련한 일관된 감정과 사고"와 같은 자아의 상태와 한 개인의 내면에서 무엇이 진행되고 있는지를 살펴보는 구조적 분석으로 나누어 설명할 수 있다.

　어떠한 특정 시점을 기준으로 언어, 표정, 손짓, 몸짓 등의 시각적, 청각적 그리고 다른 감각적 특징을 관찰함으로써 그 사람이 어떤 자아상태에 있는지 분석할 수 있다. 또한 경험은 뇌와 신경세포 안에 기록되는데, 이러한 기록에는 어린 시절의 모든 경험이 담겨 있다. 부모로부터 습득한 것, 사건에 대한 지각, 사건과 관련된 경험, 왜곡된 인식 등이 모두 기억으로 저장되는 것이다. 자아분석을 통해 기억 속의 어떤 사건과 경험은 생생하게 재경험이 될 수 있다.

　자아를 분석하는 데 기능적이라고 하는 것은 특정 상황에서 즉각적으로 반응하는 성격이 기능하는 방식을 뜻한다. 즉, 자아상태가 언어와 행동을 통해 어떻게 구체적으로 드러나는지 분석하는 것이다. 주로 개인 간의 교류를 파악하기 위해 자아의 기능을 분석하는 데, 특정 순간에 개인의 행동은 부분적으로는 그가 내부적으로 접촉하고 있는 일련의 기억과 전략으로 이루어지기 때문이다.

　'나' 스스로에 대해 인식하고 인지하는 과정을 통해 자신을 객관적으로 바라볼 수 있는 분석활동을 통한 것은 인생에서의 중요한 과정인 동시에 시작점이라 할 수 있다.

　자신을 인식하는 방법으로는 다음과 같이 나 자신에 대해 자신을 살펴봄으로써, 타인과의 커뮤니케이션을 통해, 표준화된 검사를 해볼 수 있다.

1. 자아인식 방법

1) 내가 아는 나 확인하기
① 나의 성격의 장·단점은 무엇인가?
② 나에게 지금 부족한 능력은 무엇인가?
③ 내가 현재 관심을 가지고 열정적으로 하는 일은 무엇인가?
④ 나는 어떤 목표를 가지고 있는가? 이것들은 가치가 있는가?
⑤ 내가 오늘 하고 있는 일을 그만둔다면, 나는 어떠한 일을 새로 시작할까?

2) 다른사람과의 커뮤니케이션
자신이 보는 자신의 모습을 주관적 자아, 남이 보는 자신의 모습을 객관적 자아로 분류하기도 하는 데, 자신이 보는 모습과 남이 보는 모습이 일치할수록 사람들은 그만큼 다른 사람들과의 의사소통이 쉬워지고 마찰이 적어질 수 있다. 이는 안정된 성격으로 행복을 유지하는데 도움이 된다. 반면 다른 사람이 보는 자신의 모습이 자신이 보는 자신과 다를수록 의사소통이 어려워지고, 마찰 가능성이 높아질 수도 있다. 따라서 다른 사람의 의견은 중요한 자아인식의 방법이 될 수 있다.

다른 사람과 대화를 하게 되면 내가 간과하고 넘어갔던 부분을 알게 되고, 다른 사람들은 나의 행동을 어떻게 판단하고 보고 있는지 좀 더 객관적으로 알 수 있다. 주변 사람들과의 대화는 내가 몰랐던 나 자신을 발견하는 중요한 수단이 되기도 하는 이유이다.

① 저의 장단점이 뭐라고 생각하시나요?
② 저를 평소에 어떤 사람이라고 생각하시나요?
③ 조별 활동을 한다면 저와 함께 할 생각이 있으신가요? 그 이유는 무엇인가요?
④ 저를 처음보고 어떤 느낌이 들었나요?

3) 표준화 검사도구

표준화된 검사 도구는 객관적으로 자아특성, 자기탐색을 다른 사람과 비교해 볼 수 있는 척도를 제공한다. 각종 검사 도구를 활용하여 자신을 발견하는 일은 자신의 진로를 설계하고, 직업을 구하며, 자신에게 맞는 일을 찾아가는 데 도움을 줄 수 있다.

최근에는 인터넷을 통해 표준화된 도구를 쉽게 이용할 수 있기 때문에 자신의 흥미와 적성을 잘 알지 못하는 경우 다음의 사이트 중 하나를 선택하여 표준화된 검사 도구로 자신의 특성을 파악할 수 있다. 이러한 결과는 자신의 직업에 적합한 흥미와 적성을 알아보고, 이를 개발하기 위해 노력을 할 수 있도록 한다.

(1) 성격검사

MBTI(Myers-Briggs Type Indicator: 마이어스-브리그스 타이프 인디케이터)(Myers et al., 1998) 검사는 심리학자 Carl Jung의 성격이론을 근거로 개발한 성격유형 검사도구이다. 자기와 타인의 행동을 이해하고 집단이나 개인의 문제해결과 갈등해결 그리고 효과적인 의사소통을 위해 검사를 수행한다. 개인이 쉽게 응답할 수 있는 자기보고서 문항을 통해 인식하고 판단할 때의 각자 선호하는 경향을 찾아, 이러한 선호 경향들이 인간의 행동에 어떠한 영향을 미치는가를 파악하여 실생활에 응용할 수 있도록 제작된 심리검사라고 할 수 있다.

개인의 선척적인 선호 경향을 알아보는 것으로 그 다양성을 이해해야 하며, 선호 경향은 좋고 나쁨이 없이 중요하다. 문항을 선택할 때에는 자신의 바람이 아닌 지속적이고 일관성 있게 사용하는 자신의 경향, 자연스럽고 편안한 것 그리고 자주 사용하는 것과 상대적으로 더 끌리는 것을 선택하도록 한다. MBIT를 통해 자신의 유형을 16가지 중에서 찾을 수 있으며 이는 상대적인 값이다.

MBTI는 다른 심리지표에 비해 신뢰도와 타당도가 떨어진다는 비판이 제기되고 있는

데, 심리학자 로버트 호건(Robert Hogan, 2007)은 정교하게 만들어진 중국의 포춘쿠키와 같다라는 주장도 했다. 응답자는 거짓말로 응답을 할 확률이 높아 검사를 여러 번 할수록 신뢰성이 낮아 재검사에서 다른 유형으로 나올 확률이 높기 때문이다. 따라서 100% 절대적으로 검사결과를 믿기 보다는 자아인식과 성격에 대한 여러 방법 중 하나로 참고하는 것이 좋을 것이다.

(2) 정서분석

감성분석(Sentiment Analysis)이라고도 하는 정서분석은 인간의 어떠한 의견이나 감성, 평가, 태도 등 주관적인 정보의 텍스트를 컴퓨터를 통해 분석하는 과정을 말한다. 상품이나 서비스, 기관이나 단체, 사회적 이슈, 사건 등에 대하여 자신의 주관적인 의견을 나타냄으로써, 그 사람의 감정 상태, 태도, 의견과 평가, 선호 등을 긍정과 부정으로 구분하여 극성 분석을 하거나, 슬픔, 기쁨, 분노와 같은 다양한 사람의 감성에 대한 분류를 하는 것이다. 정서분석은 태도나 행동에 대한 검사로 감정의 깊이를 반영할 수 있는데, 가장 부정적인 감정부터 가장 긍정적인 감정까지 0에서 10까지의 감정 점수를 할당하여 점수화 한다.

주로 기업에서 소비자의 감성분석을 통해 '소비자의 진짜 마음'을 읽을 수 있기에 마케팅에서 활용하는 경우가 많지만 이 책에서는 자신의 진짜 마음을 알 수 있는 방법 중 하나로 이해하면 된다.

활동 1

☞ 다른 사람이 생각하는 나의 이미지는 무엇일까? 나에 대한 부정적인 의견과 긍정적인 의견을 받고, 나의 생각과 비교해 보자.

① 저의 장단점이 뭐라고 생각하시나요?
② 저를 평소에 어떤 사람이라고 생각하시나요?
③ 조별 활동을 한다면 저와 함께 할 생각이 있으신가요? 그 이유는 무엇인가요?
④ 저를 처음보고 어떤 느낌이 들었나요?

☞ 조셉(Joseph Luft)과 해리(Harry Ingham)라는 두 심리학자에 의해 만들어진 '조해리(Joe+Harry)의 창(Johari's window)'은 자신과 다른 사람의 두 가지 관점을 통해 알아보는 자기인식 또는 자기이해의 모델이다. 자신을 객관적으로 인식하기 위해 내가 아는 나의 모습 외에 다른 방법을 적용할 필요가 있다. 조해리의 창을 이용하여 자신을 인식하고 인간관계를 살펴볼 수 있다(Verklan, 2007).

▶ 타인이 아는 나
  ＊ 내가 아는 나 : 공개된 자아 Open Self Area(나도 알고 있고, 다른 사람에게도 알려져 있는 나의 모습이다)
  ＊ 내가 모르는 나 : 눈먼 자아 Blind Self Area(나는 모르지만 다른 사람은 알고 있는 나의 모습이다. 예를 들어 행동습관, 특이한 말버릇, 독특한 성격과 같이 남들은 알고 있지만 자신은 모르는 자신의 모습이다.)

▶ 타인이 모르는 나
  ＊ 내가 아는 나 : 숨겨진 자아 Hidden Self Area(나는 알고 있지만 다른 사람에게는 알려지지 않은 나의 모습이다. 나의 약점, 비밀처럼 다른 사람에게 숨기는 나의 부분이다.)
  ＊ 내가 모르는 나 : 아무도 모르는 자아 Unknown Self Area(나도 모르고 다른 사람도 알지 못하는 나의 부분이다. 심층적이고 무의식적인 정신세계처럼 자신에게도 알려져 있지 않은

미지의 부분이다. 그러나 자신의 행동과 정신세계에 대한 지속적인 관심과 관찰을 통해 향후 노력으로 자신은 의식할 수 있다.)

▶ 조해리의 창 속에는 자신의 생각, 감정, 경험, 소망, 기대, 가족사항, 취미, 종교, 교우관계, 장단점 등 자신에 관한 모든 것이 포함되어 있다.
　※ 사람마다 마음의 창 모양이 다르고, 개인이 인간관계에서 나타내는 자기 공개와 피드백의 정도에 따라 마음의 창을 구성하는 4개의 영역 넓이가 달라진다.

▶ 자기 개방 모형 진단
　※ 아래는 인간관계에서 나타날 수 있는 일반적인 행동 양식이 기술되어 있다.
　※ 각 항목들이 자신의 행동 양식을 얼마나 잘 나타내는지 점수로 표시해 보자.

(전혀 그렇지 않다)　　　　　　　　　　　　　　　　　　　　(매우 그렇다)

| 0 | 1 | 2 | 3 | 4 | 5 | 6 | 7 | 8 | 9 | 10 |

1. 나의 일에 대해 다른 사람(상사, 동료, 부하, 친구)으로부터 이런저런 잔소리를 들으면 기분이 나쁘다.

(전혀 그렇지 않다)　　　　　　　　　　　　　　　　　　　　(매우 그렇다)

| 0 | 1 | 2 | 3 | 4 | 5 | 6 | 7 | 8 | 9 | 10 |

2. 다른 사람에게 자기 일을 이것저것 말하는 사람은 속이 얕은 사람이라고 생각한다.

(전혀 그렇지 않다)　　　　　　　　　　　　　　　　　　　　(매우 그렇다)

| 0 | 1 | 2 | 3 | 4 | 5 | 6 | 7 | 8 | 9 | 10 |

3. 남의 말을 듣고 있는 중, 지루해지면 "요컨대 이러한 말이지?"라고 말의 허리를 자르는 일이 많다.

(전혀 그렇지 않다)   (매우 그렇다)
0	1	2	3	4	5	6	7	8	9	10

4. "그는 신비하다"라고 말해질 만큼 자신의 정체를 보이지 않는 것이 좋다.

(전혀 그렇지 않다)   (매우 그렇다)
0	1	2	3	4	5	6	7	8	9	10

5. 다른 사람(상사, 동료, 부하, 친구)이 무엇이라고 말하건 구애받을 필요는 없다.

(전혀 그렇지 않다)   (매우 그렇다)
0	1	2	3	4	5	6	7	8	9	10

6. 하고 싶은 말이 있어도 꾹 참고 속으로 혼자 처리하는 일이 많다.

(전혀 그렇지 않다)   (매우 그렇다)
0	1	2	3	4	5	6	7	8	9	10

7. 다른 사람(상사, 동료, 부하, 친구)으로부터 여러 가지 고민 얘기나 상담을 받는 일은 거의 없다.

(전혀 그렇지 않다)   (매우 그렇다)
0	1	2	3	4	5	6	7	8	9	10

8. 타인의 일이나 의견에 대하여 의논을 하거나 자신의 생각을 말하여 주지 않는다.

(전혀 그렇지 않다)   (매우 그렇다)

0	1	2	3	4	5	6	7	8	9	10

9. 타인으로부터 주의를 받거나 비판을 받으면 무의식적으로 반론하고 싶어진다.

(전혀 그렇지 않다)   (매우 그렇다)

0	1	2	3	4	5	6	7	8	9	10

10. 자신의 기분이나 생각을 정직하게 이야기하기보다는 애매모호하게 흐리는 경우가 있다.

(전혀 그렇지 않다)   (매우 그렇다)

0	1	2	3	4	5	6	7	8	9	10

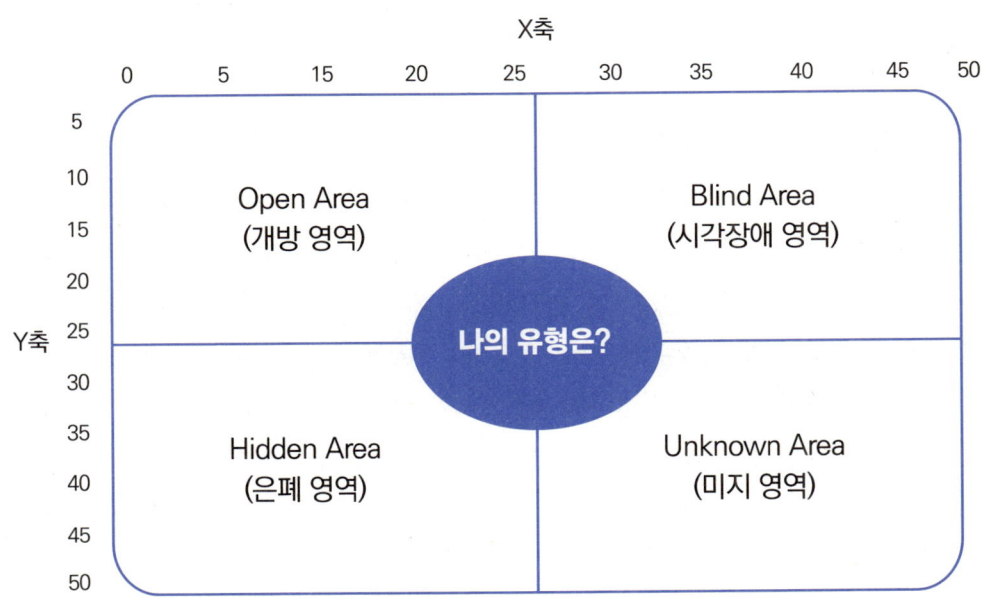

※ 조해리의 창(Johari's Window) 해석

나는 다른 사람에게 나의 모습을 잘 내보이는가? 또 다른 사람이 나에 대해서 어떤 생각을 가지고 있는지 잘 아는가? 인간관계에서 자신을 다른 사람에게 내보이는 일은 매우 중요하다. 이를 자기공개(self-disclosure)라고 하는데, 인간관계를 심화시키는 중요한 요인 중 하나이다.

자기 공개 유형을 아는 것은 나 자신을 발견하는 데에 매우 효과적인 방법이다.

1. 개방 영역(Open Area, 개방형)

개방형은 공개적 영역이 가장 넓은 사람이다. 대체로 인간관계가 원만하고, 적절하게 자기 표현을 잘 할 뿐만 아니라 다른 사람의 말도 잘 경청할 줄 안다. 다른 사람에게 호감과 친밀감을 주게 되어 인기가 있다. 자신의 느낌, 생각, 행동 등을 자신이나 타인에게 잘 알림으로 인해 인간관계가 대체로 원만한 사람들이다.

좋은 인간관계를 형성하기 위해서는 개방 영역을 빠른 시간내에 넓혀가야 한다. 그러나 지나치게 공개적 영역이 넓은 사람은 말이 많고, 주책스럽거나 경박한 사람으로 비쳐질 수도 있다. 너무 많은 부분에 있어 자신을 노출시키면 오히려 인간관계를 손상시킬 수도 있으니 주의해야 한다.

2. 시각장애 영역(Blind Area, 자기주장형)

자신의 모습이 타인에게는 알려져 있으나 자신은 알지 못하는 영역으로 자신만 모르는 눈먼 자아의 영역이 가장 넓은 자기주장형이다. 이들은 자신의 기분이나 의견을 잘 표현하며 나름대로의 자신감을 지닌 솔직하고 시원시원한 사람일 수 있다. 그러나 이들은 다른 사람의 반응에 무관심하거나 둔감하여 때로는 독단적이며 독선적인 모습으로 비쳐질 수 있다. 이 영역이 넓은 사람은 눈치가 없고 둔한 사람으로 타인이 보기에는 개선할 점이 많으나 자신은 깨닫지 못하는 사람이다. 또한 자기주장이 강하고 자기도취적인 사람이거나 이와는 반대로 자존감이 낮아 자신의 좋은 점을 인식하지 못하고 있는 사람임을 암시한다. 이 영역은 타인으로부터 얼마나 피드백을 받느냐에 따라 달라질 수 있다. 따라서 자기주장형은 다른 사람의 말에 좀 더 진지하게 귀를 기울이는 노력이 필요하다.

3. 은폐 영역(Hidden Area, 신중형)

자신에 대해 자신은 알고 있으나 타인은 알지 못하는 영역으로 신중형으로서 숨겨진 영역이 가장 넓은 사람이다. 이들은 다른 사람에 대해서 수용적이며 속이 깊고 신중한 사람들이다. 또한 다른 사람의 이야기는 잘 경청하지만 자신의 이야기는 잘 하지 않는 사람들이다. 이들 중에는 자신의 속마음을 잘 드러내지 않는 크레믈린형의 사람(속마음을 알 수 없는 사람)이 많으며 계산적이고 실리적인 경향이 있다. 따라서 타인은 그가 어떤 생각, 느낌을 갖고 있는지 알 수 없어 쉽게 접근해 오지 않는다. 이러한 현상은 자신을 수용하지 못하는 데서 기인하기 때문에 자기를 은폐시키고 드러내지 않으려 하며 자기개방이 두려워 불안해하고 긴장하는 경향이 강하다. 이러한 신중형은 어디든 잘 적응하지만 내면적으로 고독감을 느끼는 경우가 많으며 현대인에게 가장 많은 유형으로 알려져 있다. 이 영역을 축소시키기 위해서는 자기 개방을 통해 다른 사람과 좀 더 넓고 깊이 있는 교류를 해야 한다.

4. 미지 영역(Unknown Area, 고립형)

나도 모르고 친구도 모르는 영역으로 미지의 영역이 가장 넓은 고립형이다. 그러나 자신에 대해 지속적인 관심을 갖고 통찰을 하면 모르는 부분을 알게 된다. 이들은 인간관계에 소극적이며 혼자 있는 것을 좋아하는 사람들이다. 따라서 다른 사람과 접촉하는 것을 불편해 하거나 무관심하여 고립된 생활을 하는 경우가 많다. 이런 유형 중에는 고집이 세고 주관이 지나치게 강한 사람도 있으나 대체로 심리적인 고민이 많으며 부적응적인 삶을 살아가는 사람들도 많다. 고립형은 인간관계에 좀 더 적극적이고 긍정적인 태도를 가질 필요가 있다. 인간관계의 개선을 위해서는 일반적으로 미지의 영역을 줄이고 공개적 영역을 넓히는 것이 바람직하다.

출처 : Silverwood Books(2014), KSA한국표준협회 재인용.

활동 2

☞ 자신이 현재 하고 싶은 일을 적어보자.

☞ 하고 싶은데 못하는 일이 있다면 왜 못하고 있는지 그 이유를 써보자.

학습평가

※ 다음을 읽고 알맞은 말을 아래 〈보기〉에서 찾아 (   ) 안에 넣으시오.

1. 태어날 때부터 지니는 본래의 자기 모습, 욕구, 소질, 재능과 같은 타고난 특징을 말하는데, (   )을 안다는 것은 그만큼 다른 사람에 대한 이해의 폭이 넓어지게 되는 것을 의미한다.

2. 자아(   )은/는 타인이나 환경으로부터 자신의 존재가 다르다는 것을 구별할 수 있는 것을 말한다.

3. (   )(이)란 한 개인의 생각, 감정 등을 통해 외부와 접촉하는 행동의 주체를 말하며, 자신에 대한 총체적인 개념을 말한다.

4. 선천적으로 타고나는 기질과 후천적으로 영향을 받는 (   )은 긍정적이고 성숙한 내면의 성격과 정서에 영향을 미칠 수 있다.

5. 타인과의 상호작용 상황에서 자신의 사고, 감정, 행동의 표출을 스스로 조정하고 통제해 나가는 것을 자기 (   )이라고 한다.

6. 직업인이 자신의 역량 및 자질을 개발하기 위해서는 자신을 (   )하는 것이 선행되어야 한다.

〈보기〉

①	이해	②	기질	③	자아	④	인식	⑤	정체성
⑥	성격	⑦	분석	⑧	태도	⑨	환경	⑩	탐색
⑪	가치	⑫	능력	⑬	동기	⑭	직업	⑮	만족도

7. 다음 중 기질의 구성요소가 아닌 것은?　　　　　　　　　　(　　　)
　　① 규칙성　　　　　　　　　② 적응성
　　③ 반응성　　　　　　　　　④ 선견지명

8. 다음 중 올바른 자기탐색이 아닌 것은?　　　　　　　　　(　　　)
　　① 자아정체감 인식　　　　　② 자기개발 방안
　　③ 타인의 비판　　　　　　　④ 개인과 팀의 성과향상

9. 다음 중 자아인식의 방법이 아닌 것은?　　　　　　　　　(　　　)
　　① 스스로 알고 있는 나 자신 확인하기　② 다른 사람과의 커뮤니케이션
　　③ 성격 검사하기　　　　　　　　　　　④ 혈액형 검사하기

10. '조해리의 창'에서 내가 아는 나의 모습 외에 나는 모르지만, 다른 사람은 알고 있는 나의 모습, 즉 타인에게 알려져 있으나 자신은 알지 못하는 영역은 무엇인가?

제 2 장
가치관

Personality Development

학습 목표

※ 일반 목표 ※

가치관의 개념을 이해하고, 자신의 가치관 분석을 통해 자신이 중요하게 생각하는 가치관을 알 수 있다.

※ 세부 목표 ※

1. 자신의 가치관을 분석할 수 있다.
2. 가치관에 맞는 자기사명서를 작성할 수 있다.
3. 실습활동 결과물을 발표할 수 있다.

주요 용어

#가치관   #가치관분석활동   #자기사명서   #발표활동

제2장
요약 정리

1. 가치관이란 자신이 옳다고 믿는 생각에 대한 기준이다. 개인의 선호에 따라 상대적으로 명확한 기준이 있으나, 일반적으로 사회적 가치관에 위배되지 않는 상식적이고 공식적인 사회문화적 가치관의 범위가 더 넓다.
2. 자신이 가장 중요하게 생각하는 '나'를 개념화 해주는 단어가 나를 표현해 준다고 할 수 있다.
3. 누군가의 생각을 따라하거나 단지 좋아 보여서가 아닌 나를 형성해 주는 주체사상을 알 수 있어야 한다.
4. 가치관 목록을 작성하여 나를 표현할 수 있는 자기소개서를 작성해 보자.
5. 포커스 씽킹을 통해 자기사명서를 작성해 보자.
6. 사명이란 어떻게 살아가야 할 것인지를 말해주는 윤리이자 원칙이다.
7. 비전이란 사명대로 살았을 때의 최종 목표를 말한다.
8. 목표란 비전을 이루기 위한 과정이자 거쳐야 하는 크고 작은 성취를 의미한다.
9. 신념이란 비전과 목표가 흔들리지 않게 받쳐주는 정신자세이다.
10. 직무와 연관된 가치관을 제시하고 회사에서 필요로 하는 인재상의 역량을 갖출 수 있어야 한다.
11. 결국 내가 중요하게 생각하는 가치관과 비전, 사명과 목표를 추구하는 직장에서 업무를 할 때 만족감을 높일 수 있게 된다.

Personality Development

제1절 가치관의 이해

　가치관이라는 것은 가치에 대한 신념으로 옳고 그름의 기준, 바람직하다고 생각하는 나의 기준, 해야 할 것과 하지 말아야 할 것에 대해 자신이 옳다고 생각하는 기준이라고 할 수 있다.

　개인적 가치관은 개인의 선호 의지에 따라, 상대적으로 명확한 기준이 있을 수 있으나 사회적 가치관은 좀 더 범위가 넓고 추상적일 수도 있다. 이는 공식적인 사회문화안에서의 약속일 수도 있기에 개인적 가치관 보다는 폭넓은 이해가 필요하다.

　개인의 사고방식이나 삶의 기준을 하나로 명확하게 설명하기는 쉽지 않다. 내가 세상을 어떻게 바라보고 있는가, 어떻게 바라볼 것인가와 같은 질문에 스스로 대답할 수 있는 나의 기준을 잡아야 한다. 개인적으로 또는 사회적으로 옳은 결과를 위해 기준점을 잡는 것이다. 유사한 개념으로 세계관과 인생관이 있는데, 이들은 가치관 형성의 이전 단계로 볼 수 있다.

　세계관은 흔히 가상세계에서의 설정과 같이 추상적인 세계에서의 창작된 공상처럼 생각할 수 있으나, 그 본질은 실존적이고 규범적인 원리와 함께 가치, 감정, 윤리를 모두 포함한다. 크게는 우주관(우주의 궁극적 실재)에서 시작하여 인간의 삶(존재의 의미)과 역사의 의미(역사, 문화, 사회, 국가, 전통 등)를 자신의 관점으로 해석하는 것이며, 그 해석을 자신의 삶에 적용하는 것이다. 따라서 이해하는 정도에 따라 세계관은 차이가 날 수 있다.

　인생관은 현실을 직시하고 반성함으로써 자신의 현재 위치를 "어떻게 받아들이는가"에 대한 질문이다. 인생의 본질, 인생의 의미, 인생의 가치를 재해석하여 자신의 견해를 종합적으로 답하는 것이다. "나는 부자인가, 주류인가, 나는 누구편인가?" 등에 대한 하나의 입장을 포함하여, 비관주의, 낙천주의, 현실주의, 이상주의, 경험주의, 합리주의, 유물론, 유심론, 무신론과 유신론 등에 대해 자신의 기질과 성격, 환경과 시대에 영향을 받게 된다.

　그렇다면 가치관은 무엇인가? 세계관과 인생관을 토대로 "나는 어떻게 살 것인가? 시대적 흐름에 타협하며 살 것인가 아니면 다른 어떠한 가치를 기준으로 새롭게 나만의 방식으로 살 것인가?" 등과 같은 인생의 좌표, 잣대 더 나아가 자신의 정체성을 결정하는 것을 말한다. 만약 자신이 "장애인이라면, 부자라면, 못 생겼다면, 외국인이라면, 여성이거나 남성이라면, 키가 크거나 작다면"과 같이 자신의 상황을 객관주의적인 세계관과 주관주의적인 인생관을 토대로 자신의 가치관이 형성되게 된다. 가치관은 인생을 어떠한 방향으로, 어떻게 살아갈지, 어디로 나아가야 할지를 제시하는 방향을 나타내기 때문에 한번 결정 되면 쉽게 바뀌지 않는다.

세계관은 객관적인 부분에 근거하기 때문에 서로 같을 수가 있다. 우주의 탄생이라든지 지구가 태양을 중심으로 도는 것, 매일 해가 뜨고 지는 것과 같이 과학의 지식을 통해 본래 그 모습이 정해져 있고 우리가 이것을 해석하고 이해하는 정도에 따라 차이가 발생한다. 따라서 과학의 발전에 따라 세계를 이해하는 정도가 달라지고, 더 많이 이해한 사람이 더 멀리 보고 더 높이 나는 것과 같지만 근본은 같다. 그러나 인생관과 가치관은 주관적인 해석으로 같을 수가 없다. 사람마다 환경이 다르고 출신과 성장배경이 다르기 때문이다. 같은 사회안에 있는 사람들의 가치관이 크게 유사성을 보일 수는 있지만 상황에 따라 경험에 따라 그 차이는 존재하게 된다. 이는 어느 것이 맞고 틀리고의 문제가 아니라, 그 방향이 옳은 것인지 아닌지가 중요한 것이다. 그 옳고 그름에 대한 것 역시 본인의 기준과 논리로 설명될 수 있어야 한다.

즉, 가치관이란 궁극적으로 삶을 살아가면서, 자신이 가장 중요하게 여기는 생각이고, 행동이자 태도라고 볼 수 있다.

① '나'를 개념화해 주는 단어를 떠올려 보자.
② 이 단어가 나를 표현하는데 있어 내가 진정으로 중요하게 여기는 것인가?
③ 부모님의 생각이나 행동을 그저 따라한 것은 아닌가?
④ 혹은 친한 친구의 가치관이 좋아 보여 따라 한다거나 연예인의 마인드를 그대로 표방한 것은 아닌가?
⑤ 영화를 보거나 책을 읽고 감명 깊은 부분을 의식의 흐름대로 나의 가치관으로 여긴 것은 아닌가?

누군가가 중요하다고 하니까, 누군가의 생각이 좋아 보여서가 아니라 내가 스스로 나를 알아가기 위해 내가 어디에 서있는지를 알게 해주는 나의 가치관을 생각해 볼 필요가 있다.

삶의 가장 중요한 부분은 나 자신이다. 나는 소중하고 가치 있으며 중요한 존재이고 중요한 사명을 이루고 있다. 자신이 가장 중요하다는 신념을 기초로 하여 가치관을 찾아보자.

첫째, 지금까지 살면서 가장 행복했던 순간을 떠올리자.
둘째, 가장 슬픈 순간을 떠올려보자.
셋째, 가장 화난 순간을 떠올려보자.
넷째, 가장 자랑스러웠던 순간을 떠올려보자.

위의 질문에 스스로의 감정상태를 떠올려 보고 노트에 적으면서 나의 가치관을 적어보자. 예를 들어 첫 번째 질문에 가족들과 여행을 하면서 맛있는 음식을 먹고 행복한 추억을 만들었다. 여기서 나의 가치관은 가족, 모험, 사랑, 행복 등이 될 것이다.

두 번째, 가장 슬픈 순간은 슬픔이라는 부정적인 감정 상태였던 상황으로 돌아가 그 안에서 내가 중요하게 생각했던 가치를 잃어버린 순간을 생각해보자. 예를 들어 사랑하는 가족 중 누군가의 죽음을 경험했을 때, 너무 슬펐다. 여기서 나의 가치관은 가족, 시간, 건강, 추억 등이 될 것이다.

세 번째, 내가 살면서 가장 화난 순간을 떠올린다. 예를 들어 친한친구가 자신의 잘못을 회피하기 위해 나에게 책임을 전가하거나 거짓말을 시켰을 때 자존심이 상하고 화가 났다. 여기서 나의 가치관은 배려, 정직, 존중, 자존심이 될 것이다.

네 번째, 가장 자랑스러웠던 순간이다. 예를 들어 시험에 합격하거나 원하는 곳에 취업을 했을 때, 내가 이루고자 하는 목표를 달성했다. 여기서 나의 가치관은 성취, 자기개발, 성공이 될 것이다.

위의 4가지 질문을 스스로 해보면서 극도의 감정 상태였던 때를 떠올려 보고 노트에 적으면 내 가치관을 찾는 것이다. 작성한 가치관 목록에서 가장 우선순위의 단어 10개를 고른다. 그리고 10개의 단어 중 다시 5개를 고른다. 5개의 단어 중 최종 남기고 싶은 3개의 단어만 남긴다. 나머지 3개의 단어에서 1순위를 찾아보자. 이것이 나의 가치관이 되는 것이다.

　신중하게 생각하는 것도 중요하지만, 직관에 따라 빠르게 작성하는 것이 오히려 정확할 수 있다. 가치관을 찾는 일은 내가 모르고 있던 내 모습을 찾는 경험이 될 것이다. 내가 깨닫지 못한 중요한 가치를 알게 됨으로써 내 인생을 바라보는 눈이 달라질 수도 있다. 자신의 가치를 아는 것 자체로도 의미있는 시간이 될 것이다.

　나의 가치관은 예상치 못하게 발생하는 문제 혹은 결정을 해야할 순간에 해결 기준이 되어 준다. 한번 결정된 가치관은 그 방향이 크게 변하지는 않지만, 수많은 인생이라는 여정에서 경험이 늘어나면서 생각도 바뀌듯이, 가치관을 찾는 일도 계속되는 진행형이다. 살면서 경험도 늘고 생각도 바뀌면 가치관도 바뀌기 때문이다.

가장 행복했던 순간

1.
2.
3.
4.
5.

가장 슬펐던 순간

1.
2.
3.
4.
5.

가장 화가났던 순간

1.
2.
3.
4.
5.

가장 자랑스러웠던 순간

1.
2.
3.
4.
5.

가장 마음에 와닿는 단어 고르기	3개 선택하기	최고로 생각되는 단어 1개 고르기
1. _____ 2. _____ 3. _____ 4. _____ 5. _____	1. _____ 2. _____ 3. _____	

제2절 자기사명서

1. 자기사명서

　자기사명서는 자신이 추구하는 가장 가치 있는 것이 무엇인지 정의를 내리고, 인생의 목표를 확립하여 그에 맞는 행동을 하는 것이다. 확고한 비전과 가치관의 표현이라고도 하는 데, 개인이 인생의 중대한 결정을 내릴 때, 또는 일상의 결정을 내릴 때 기준이 되는 가치라고도 할 수 있다. 어떻게 살아가야 할 것인가에 대한 개인적인 윤리나 원칙이 될 수도 있기에 우리는 자기사명서를 가지고 있음으로써 기준을 지켜 목표에 도달하도록 해야 한다. 이러한 나의 가치기준에 맞는 목표에 도달했을 때 우리는 진정한 행복과 만족감을 얻기 때문이다.

　『성공하는 사람들의 7가지 습관』의 저자 스티븐 코비는 자기사명서를 다음과 같이 정의 했다. "주위의 여건과 사람들의 감정에 좌우되기 쉬운 상황에서 인생의 중대한 결정을 내릴 때, 일상의 결정을 내릴 때 기준이 되는 개인 헌법이다" 또한 유투버 Liya는 "자신의 삶에서 자신의 가슴을 가장 뛰게 하는 일"이라고 정의하고 있다. 사명이 살아가는 이유와 목적이라면 직업은 사명을 이루기 위한 수단이라고 볼 수 있는 것이다.

　Liya의 사명은 '누군가에게 작은 물결을 일으킬 수 있는 사람'이라고 한다. 누군가에게 감동, 위로, 기쁨을 주고 자신의 파장으로 많은 사람들의 변화를 일으키는 것이 본인의 삶의 지향점이기 때문이다. 이를 이루기 위해 전공과 취미를 예로 설명하고 있는 데, 전공은 IT 분야로 향후 IT가 위협이 아닌 친근한 우리의 친구가 될 수 있는 연구를 하고 싶고, 취미는 미술, 음악인데 영상을 만들고 노래를 부르는 것을 좋아해서 콘텐츠를 만들어 감동을 전하는 것이라고 한다. 이렇듯 거창하지 않아도 누구나 자신만의 가치관을 가지고 자기사명서를 만들 수 있는 것이다.

　우리가 앞서 가치관에 대한 이해를 했다면, 그리고 자신의 가치관을 알고 있다면, 자신의 경험이나 관점을 기준으로 어떠한 상황에서의 문제를 풀어나갈 수 있어야 한다. 인생의 큰 범주에서의 가치관은 장황하고 대단한 것일 수도 있으나, 때로는 취업 면접이나 자기소개서에 꾸준히 등장하는 소재가 될 수 있다.

물론 많은 기업에서 직접적으로 가치관을 묻는 면접 형태는 사라지고 있으나, 자기소개서나 문제해결 능력에 가치관이 반영되어 기준으로 작용하고 있는 것을 보면, 아직까지는 가치관의 실제 사용이 우선되어야 하는 것이 맞다고 할 수 있겠다. 자신의 인생에 있어 동기부여와 행동의 목적이 되는 가치가 있어야 하기 때문이다. 이것이 '자기사명서'를 작성해야 하는 이유이다. 따라서 여기에서는 자기사명서와 더불어 자기소개서 그리고 면접고사 문제를 예를 들어 인용해 보고자 한다.

- **사명** : 어떻게 살아가야 할 것인지를 말해주는 윤리이자 원칙
- **비전** : 사명대로 살았을 때의 최종 목표
- **목표** : 비전을 이루기 위한 과정이자 거쳐야 하는 크고 작은 성취
- **신념** : 비전과 목표가 흔들리지 않게 받쳐주는 정신 자세

사명은 인생의 궁극적 목적인 행복을 위한 삶의 방향이다. 자신의 신념에 맞는 비전과 목표를 세워 달성해 나가는 과정에서 우리는 성취와 만족감을 얻게 된다. 자신의 가치관에 맞는 신념을 가지고, 목표와 비전을 만들어야 한다.

다음의 질문을 오래 생각하지 말고 빠르게 적어보자.

① 내가 현재 공부나 일을 하는 목적은 무엇인가?
② 나는 중요한 결정을 할 때 어떠한 기준을 적용하는가?
③ 내가 생각하는 진정한 행복은 무엇인가?

신념을 기반으로 하는 목표설정은 정신적으로 가치 있는 비전을 만든다. 이러한 비전은 개인 뿐만 아니라 사회적 공동체에서도 가치 있는 일이다. 그러나 나만 좋은 신념이나 타인만을 위한 목표는 좋다고 할 수 없다. 나만 좋아서도, 그렇다고 나를 제외한 타인이나 사회적으로만 좋은 일이 되어서도 안 된다. 몸은 힘든데 정신적으로만 기쁜 왜곡된 사명 또한 좋은 것이 아니다.

신념과 비전을 가지고 자기사명서를 작성해 보자.

1) 자기사명서 작성 방법

(1) 자신의 존재, 행동의 가치, 원칙에 초점을 둔다.
- 어떤 사람이 되길 원하는지(성품), 무엇을 하길 원하는지(공헌, 업적)를 기술하기
- 내 삶에서 맡고 있는 구체적인 역할 세분화하기
- 각 역할에서 성취하고 싶은 목표 구분하기

(2) 형태나 내용은 각자의 독특성을 반영한다.
- 나의 모든 영역을 포괄하여 작성하기
- 가족, 사회에 기여하고 헌신하기
- 어떤 사람도 흉내 낼 수 없는 창의력과 재능 반영하기

자기사명서의 양식에는 인생의 궁극적인 목적과 존재의 의미를 정립하고 자신에게 가장 중요한 가치기준과 우선항목 그리고 장기적인 목표를 반드시 써야한다.

이를 위해서는 충분한 시간을 가지고 생각할 시간을 주어야 한다. 최소 6개월에서 2년 정도의 고민이 필요하다는 조사 결과도 있으니 수업시간의 실습은 기초 조사라고 해두어도 좋을 것이다.

다음으로는 주변 사람들과 많은 이야기를 해보는 것이 좋다.

혼자 고민한다고 문제가 보이고 해결되지 않기 때문이다. 또한 평소에 노트를 지니고 다니면서 메모하는 것을 추천한다. 자기사명서가 완성될 때까지 사색하고 질문하고 실천해 보는 것이 무엇보다 중요하기 때문이다. 한번 작성된 사명서가 평생의 사명서가 아니듯 자신의 지식과 경험에 따라 업데이트 하는 것을 잊지 말자.

①	인생의 궁극적인 목적 설정 (존재의 의미, 가치기준)
②	목적을 이루기 위한 목표설정 (목표달성 기간, 달성 순위)
③	목표달성 시간 설정 (충분한 시간설정)
④	목표달성 계획 설정 (가능한 구체적 계획)
⑤	많은 사람과의 대화 및 상담 (객관적으로 나를 바라보는 방법)
⑥	쓰기의 기적 (노트작성, 녹음 등 자기만의 시간 필요)

2) 포커스 씽킹

『포커스 씽킹』(박성후, 2010)이라는 책에서는 책을 읽기 전에 혹은 무엇을 하던 간에 나 자신에 대한 질문이 먼저라고 하고 있다. 비단 "책을 왜 읽을 것인가?"의 문제가 아니라 인생 전반에 대해 우리가 생각해 봐야 할 부분이다. 따라서 여기에서는 포커스 씽킹 기법을 통해 가치관을 찾아가 보고자 한다.

(1) 자신의 업(業)을 정하라.

자신의 삶에서 하나의 최종적인 목표를 추구하는 것이 모든 잠재력을 발휘할 수 있다고 한다. 자신이 무엇을 원하는지 그리고 그것을 어디에서 어떻게 찾을 수 있는지 명확하게 알고 계획할 수 있어야 한다는 뜻이다. 사람마다 추구하는 가치는 결코 같지 않으며, 그러한 가치를 실현할 수 있는 재능도 다르다. 자신이 판단하는 가장 가치 있는 일에 집중하는 것, 그것이 바로 성공일 수 있다.

(2) 목적과 방법 계획하기

인생의 궁극적인 목표는 대부분 자신의 행복일 것이다. 내가 행복할 수 있는 일을 찾는 것, 혹은 가족의 행복이나 인류의 평화일 수도 있다. 전 세계에 기여하는 것, 봉사하는 것 등 사람마다 행복의 의미가 다르기에 인생의 목표와 방법도 스스로 계획해야 한다.

행복이라는 목적에는 정신적인 영역, 육체적인 영역, 경제적인 영역으로 크게 나누어 볼 수 있는 데, 그중 나는 어떤 영역에 좀 더 큰 비중을 두고, 강화할 것인지를 판단할 수 있다. 남들보다 내가 탁월한 부분에 선택과 집중을 해 목표달성 계획을 세우면 경쟁력이 될 수 있다. 만약 세 가지 영역을 모두 습득하고 달성하고자 한다면 그만큼의 노력이 필요한 것이다. 어떠한 한 분야에서 성공하기 위해서는 1만 시간의 투자가 필요하다고 한다. 이는 비단 시간뿐만이 아닌 전력질주하여 몰입하는 노력을 포함한다. 이러한 숙성기간을 거쳐 나의 성공적인 삶을 계획할 수 있어야 한다.

(3) 내재화 하기

목적을 정하고, 목표를 영역별로 나누어 세웠다면 그 후에는 완전한 내것이 될 때까지 꾸준한 습득의 시간, 즉 배움의 시간을 보내야 한다. 지식이든 경험이든 나에게 맞는 방법을 통해 내가 정해놓은 기간 안에 달성해야 한다. 하루하루 자신과의 대화를 통해 끊임없이 자기반성과 자기성찰을 통해 질문하고 깨닫고 발전을 하는 것이다. 질문의 방법으로는 근본적인 원인과 해법을 찾는 '왜', '어떻게', '만약'이라는 새로운 관점 제시를 통해 스스로 돌파구를 제공하는 질문을 끊임없이 하는 것이다.

『포커스 씽킹』이라는 책에서는 다음과 같은 질문을 자신에게 던져 보라고 하고 있다.
다음의 활동을 통해 가로 안의 빈칸을 채워보자.

활동 1

▶ 포커스 씽킹 : 가로 안의 빈칸을 채워보자.

1. 죽을 때까지 간직하고 싶은 가치 혹은 목표는 무엇인가?

내 인생의 핵심 가치는 (　　　), (　　　) 그리고 (　　　)이다.

2. 누구를 위해, 무엇을 위해 헌신할 수 있는가?

내 삶은 (　　　), (　　　) 그리고 (　　　)를 위한 삶이다.

3. 지금부터 10년 후 어떤 모습이기를 바라는가?

10년 후 나는 (　　　)을 하는 (　　　)한 사람이기를 바란다.

4. 삶이 앞으로 6개월밖에 남지 않았다면 마지막으로 누구에게 무엇을 하고 싶은가?

내 삶의 마지막을 후회 없이 마무리하기 위해 (　　　　　)에게

(　　　　　　　　　　　)을 할 것이다.

5. 지금 죽기 직전이라고 하자. 지금까지 이룬 것은 무엇이며,

사랑하는 가족들에게 어떤 말을 하고 싶은가?

이룬 것 : _____

남기고 싶은 말 : _____

_____

_____

출처: 『포커스 씽킹』(박성후, 2010) 본문 중에서 발췌함.

활동 2

◆ 자기사명서(mission statement)

자기사명서

아래의 그림은 자기사명서의 예시입니다. 한 장으로 정리할 수 있는 그림과 구체적인 계획은 다음페이지에 세부적인 일정을 작성합니다.

궁극적으로 도달하고자 하는 행복에 대한 가치관은 각자의 세계관을 포함하여 가장 중요하게 생각하는 것을 적으면 됩니다.

예시)

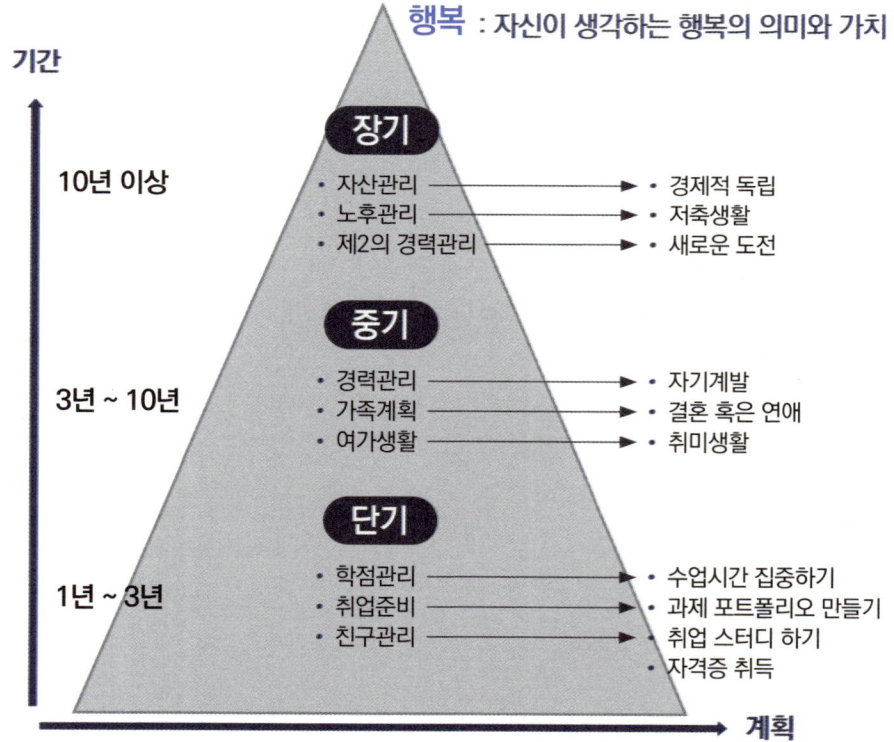

☞ 자기사명서 작성하기

▶ 내가 생각하는 내 인생의 최종 목적이자 궁극적으로 추구하는 미래상을 작성해 보세요.
  ※ 명사형이 아닌 형용사로 제시되어야 합니다. 예를 들어 ~하는 무엇, ~를 중요하게 생각하는 무엇, ~한 역할을 하는 무엇 등으로 작성해 보세요. 자신이 가장 중요하게 생각하는 의미와 가치를 기준으로 쓰세요.

목적
(   )하는 (   )이/가 되는 것

▶ 목적이 정해졌다면 그 목적을 달성하기 위한 목표를 작성해 보세요.
  ※ 목표는 동사형으로 제시되어야 합니다. 목적을 이루기 위한 목표는 무엇을 내가 달성했을 때 목적을 이룰 수 있는가를 생각하고 써봅시다.

목표

1. (   ) 하기
2. (   ) 되기
3.
4.
5.

▶ 목표를 정했다면 그 목표를 달성하기 위한 계획을 세웁니다. 계획은 단기(1~3년), 중기(3~10년), 장기(10년 이상)으로 나누어 기간별, 세부적으로 작성합니다.

단기목표
　기간 :
　계획 :

중기목표
　기간 :
　계획 :

장기목표
　기간 :
　계획 :

인생의 목적은 행복!

'자기사명서'는 자신이 이루고자 하는 핵심 가치를 설명하고, 그것을 달성하기 위해 단계적으로 어떻게 해 나갈 것인가를 계획·작성하는 것입니다. 자신의 세계관이나 가치관을 과거·현재·미래를 포함해 통찰하고, 기간별로 단기·중기·장기로 나눠 구체적인 전략과 전술을 포함하여 계획을 세우는 것입니다. 일종의 '비전선언문'이라고도 할 수 있습니다.

구체적인 행동 목표를 설정할 때 실제로 적용할 수 있고, 실천할 수 있는 것이어야 하고, 포기하고 싶은 순간에도 자신의 '자기사명서'를 통해 의욕을 북돋울 수 있는 표현으로 정리하는 것도 좋습니다. 이러한 선언문은 자신의 사명감과 의욕 그리고 자긍심을 높여주며, 공동체의 역량과 협동심 등을 결집시켜 주는 역할을 할 수 있습니다.

여기에서의 「자기사명서」는 인생의 목적인 행복을 위해 내가 목표로 삼아야 하는 것을 세 가지로 정리합니다. 자신의 가치관을 포함해 내가 행복함을 느끼는 것들을 나열해 그 중 최종적으로 달성하고자 하는 것을 기간별 목표로 작성합니다. 단기 목표, 중기 목표, 장기 목표로 정리하고, 이를 달성하기 위한 전략과 전술을 상세하게 다시 정리합니다.

A4 용지 한 장으로 최종 목표에 도달하기 위한 표 혹은 도식화(그림)를 통해 한눈에 볼 수 있도록 합니다. 그 다음 장에는 좀 더 세부적인 계획을 써 넣습니다. 기간에 따른 계획이 정리되어야 하며, 이를 달성한 후 다음 달성 계획과 연계하여 빠른 목표달성을 하도록 합니다.

이와 같은 '자기사명서'를 작성하는 이유는 좋은 직장, 행복한 가정, 안정된 삶과 같은 모든 것은 결국에는 자신의 행복한 마음을 위한 것입니다. 예를 들어 돈을 많이 버는 것이 인생의 목표라고 합시다. 그렇다면 왜 돈을 많이 벌어야 하는지, 돈을 많이 벌어서 무엇을 하고 싶은 것인지를 나의 가치관에 맞게 다시 한번 생각해 보고, 무엇을 위해 내가 달려야 하는지를 생각해야 하기 때문입니다. 막연히 돈이 많으면 좋겠다는 생각보다는 물질적으로 풍요롭게 되면 나 자신만의 행복이 아닌 남을 도울 수 있는 기회도 생기고, 가족들도 좀 더 행복해 질수 있고, 내가 하고자 하는 일을 마음껏 할 수 있기 때문이라는 이유와 동기를 찾아야 한다는 것입니다. 이러한 목표는 돈을 벌어가는 과정에서 이미 봉사와 기부를 통한 행복을 함께 가져갈 수 있습니다. 따라서 목표만을 쫓기 보다는 인생의 궁극적 목적인 '행복'에 도달하기 위한 목표를 설정하고 나의 '자기사명서'를 작성해 봄으로써 그 이유와 동기를 마련하는 것이 우선되어야 할 것입니다.

착한아이 콤플렉스

'착하다', '착하게 산다'는 건 바보처럼 이용당하고 호구가 되는 게 아니다. 세상 물정 모르고 어리석고 순진한게 착한 것이 아니다. 누군가 넘어진 걸 봤을 때 도와주고 싶은 마음이 들고, 손 내밀어 일으켜줄 수 있는 정도의 마음의 여유와 행동을 실천하면 그게 착한거다. 사람은 말하지 않으면 모른다. 처음에는 몰라줘도 괜찮다고 해도 그게 쌓이면 서운함은 점점 커진다. 상대가 알아주길 바라는 마음과 기대가 커지고, 참는 기간이 길어지면 결국 '섭섭병'에 걸린다. 혼자 속으로 삭이지 말자.

사람과 사람 사이에는 따뜻한 '정'도 있으면 좋지만, 분명히 지켜야 할 '선'도 있다. 정이 없는 건 성향 차이일 수 있지만, 선이 없는 건 개념이 없는 거다.

해야 할 것을 하는 것보다 하지 말아야 할 것을 하지 않는 게 더 중요하다. 가까운 사이일수록 더 조심하고 선을 지키자. 사람이 살다 보면 누구나 지치는 순간이 있고, 포기하고 싶은 순간이 있다. 내가 포기하지 않으면 인생은 계속 이어진다. 힘들면 잠시 쉬면 되고, 다시 일어서서 걷고 필요하다면 전력 질주할 수 있는 것이 인생이다. 그러니 너무 조급해 하지 말자. 우린 오늘만이 아니라 계속 살아야 한다. 지금이 아니면 할 수 없는 일을 하는 것이 나중에 얼마든지 할 수 있는 일을 하는 것보다 더 가치 있다. 그래야 후회가 없다. 해야 할 일과 중요한 일을 먼저 하자. 주변 사람들이 자꾸 하고 싶은 일을 하라고 부추기지만, 진짜로 나를 행복과 성공으로 이끄는 건 해야 할 일을 제대로 하는 것이다.

진짜로 자존심 상하고 화나는 일은 다른 사람에게 싫은 소리를 조금 듣거나 다른 사람보다 능력이 부족하거나 돈을 조금 못 버는 것이 아니다. 내가 한 번 두려워했던 일을 영원히 두려워하는 것, 그것이 진짜로 자존심 상하고 화나는 일이다. 어차피 시간은 간다. 그럼 후회를 줄일수록 좋다. 후회를 줄이려면 뭔가를 할 때 제대로 해야 한다. 잘하고 못하고를 떠나, 열심히 해야 후회가 없다. 결과가 어떻든지 내가 할 수 있는 건 다 해봐야 나도 나 스스로에게 할 말이 있다. 이왕에 할 거라면 즐겁게 하자. 애처럼 굴지 말자. 작은 일에도 정성을 다하는 자세가 중요하다. 무슨 일을 하든, 누구를 만나든 정성스럽게 살면 그 사람에게는 늘 좋은 기회가 오고, 계속해서 좋은 일이 생긴다. '태도'가 좋은 사람과 좋은 일, 기회들을 계속 끌어당긴다. 삶은 언제나 기회를 사람을 통해 준다. 사람들은 내 태도를 보고 나를 안다. 흔히 "가슴 뛰는 일을 해라, 하고 싶은 일을 해라"고 한다. 하지만 하고 싶은 걸 하는 것보다도 해야 할 일을 제대로 하는 게 더 현명하고 행복해지는 길이다. 하고 싶은 일은 좋아하는 사람이 바뀌듯 계속 바뀐다. 중요한 건 뭐든 제대로 해내는 사람이 되는 것이다. 열심히 뛰는 가슴은 따라서 뛴다. 사람이 매사에 감사를 할 줄 알아야 한다. 자기는 도저히 감사할 게 없다는 사람이 있다. 감사할 상황이 아니란거다. 하지만 감사는 '찾아서'하는 거다. 조금만 생각해보면 감사할 일이 많다. 감사는 조건이 갖춰져서 하는게 아니라 내가 하기로 선택하는 거다. 감사하면 감사할 일들이 계속 생긴다.

학습평가

※ 다음을 읽고 알맞은 말을 아래 〈보기〉에서 찾아 ( ) 안에 넣으시오.

1. 옳고 그름의 기준으로 바람직하다고 생각하는 가치에 대한 신념을 말한다. 같은 사회 안에서 유사성을 보일 수 있으나 맞고 틀리고의 문제가 아닌 올바른 방향을 나타내는 기준으로 사람마다 다를 수 있다. 인생의 좌표, 잣대, 정체성을 결정한다. 쉽게 바뀌기 어려운 이것은 무엇인가? ( )

2. 가치관 이전의 단계로 성장배경에 따라 결정되며 자신의 현재 위치를 어떻게 받아들이는가에 따라 달라지는 것을 말한다. 이것은 무엇인가? ( )

3. 자신이 추구하는 가장 가치있는 것이 무엇인지 정의를 내리고 인생의 목표를 확립하여 그에 맞는 행동을 하기 위해 작성하는 것을 무엇이라 하는가? ( )

4. 어떻게 살아가야 할 것인가와 같은 삶의 이유와 목적을 ( )이라 하면, 이것을 이루기 위한 수단은 ( )이라고 한다.

5. 비전을 이루기 위한 과정이자 거쳐야 하는 크고 작은 성취를 ( )라고 한다.

6. 비전과 목표가 흔들리지 않게 받쳐주는 정신 자세를 ( )이라고 한다.

〈보기〉

①	목표	②	사명	③	수단	④	직업	⑤	인성
⑥	비전	⑦	신념	⑧	가치관	⑨	인생관	⑩	자존감
⑪	자기사명서	⑫	존중	⑬	배려	⑭	소통	⑮	약속

제3장
자존감

Personality Development

학습 목표

❋ 일반 목표 ❋

자존감의 중요성을 이해하고,
자신의 자존감을 높이는 방법을 모색할 수 있다.

❋ 세부 목표 ❋

1. 자존감의 개념이해
2. 자존감의 중요성 사례로 제시
3. 자존감 하락의 원인 토의
4. 자존감 향상 방안 마련

주요 용어

#자존감 개념   #자존감 중요성   #자존감 하락원인   #향상방안

제3장
요약 정리

1. 자존감(self-esteem)은 자신의 능력과 가치에 대한 전반적인 평가와 태도를 포함해, 나의 존엄성이 타인의 외적인 인정이나 칭찬에 의한 것이 아니라 자기 내부의 성숙된 사고와 가치에 의해 얻어지는 개인의 의식을 말한다.
2. 높은 자존감이 성공의 핵심역량이지만, 지나치게 높은 자존감은 주위 사람보다 자신이 뛰어나다고 느끼는 감정으로, 남을 배려하는 마음이 결여되고 자신이 우월하다는 자만심을 가질 수 있어 주의해야 한다.
3. 지나치게 낮은 자존감은 스스로를 남들보다 낮게 평가하여 자신의 생각이나 의지보다는 다른 사람들에 의해 자신의 행동을 결정하게 된다. 이러한 경우 칭찬이나 긍정적인 반응을 받아들이지 못하고 의심을 하게 된다. 실패 또한 두려워하여 도전을 포기하고 성공에 도달하기가 어렵게 된다.
4. 자존감이 하락하는 것은 ① 과거의 트라우마(trauma), ② 콤플렉스(complex), ③ 성장환경(가정환경)이 여러 요인 중 하나일 수 있다.
5. 균형 잡힌 건강한 자존감을 위해서는 다음과 같은 방법을 사용할 수 있다.
    ① 성공의 경험 만들기 : 모두가 인정할 수 있는 객관적인 성과를 보여줌으로써, 스스로 자신을 인정할 수 있는 경험을 만든다.
    ② 긍정적인 사람 만나기 : 부정적인 생각의 고리를 끊고 긍정적인 사람들로부터 나를 지원하고 지지해주는 칭찬 에너지를 받는 것이 도움이 된다.
    ③ 완벽주의 벗어나기 : 완벽해지려는 노력은 좋으나 실수나 실패를 지나치게 의식할 필요는 없다. 너무 높은 기준보다는 달성가능한 목표부터 시작하여 성공의 단계를 높이는 것이 좋다. 실패를 경험해도 그 과정에서의 얻은 것에 감사하고 만족하면 된다.

Personality Development

제1절 자존감의 이해

　자존감(self-esteem)이란 자신에 대한 존엄성이 타인들의 외적인 인정이나 칭찬에 의한 것이 아니라 자신 내부의 성숙된 사고와 가치에 의해 얻어지는 개인의 의식을 말한다(이철수, 2009). 이는 자아존중감이라고도 하는데, 자신의 능력과 가치에 대한 전반적인 평가와 태도를 포함하며, 미국의 의사이자 철학자인 윌리엄 제임스(William James)가 1890년대에 처음 사용하였다. 자존감과 자존심은 자신에 대한 긍정이라는 공통점이 있지만, 자존감은 '있는 그대로의 모습에 대한 긍정'을 의미하고 자존심은 '경쟁 속에서의 긍정'을 뜻하는 것으로 약간의 차이가 있다. 자신감으로도 혼동할 수 있으나, 자신감은 자신의 능력과 해결해야 할 과제의 난이도를 비교함으로써 형성되는 것으로 자신의 능력에 비해 난이도가 높다면 자신감이 떨어지고, 자신의 능력을 실제보다 과대평가하는 경우 자신감이 지나치게 높아져 자만 상태라고 할 수도 있다.

　자존감은 자기 스스로에 대한 믿음으로 경쟁이나 비교치에 따라 변하지 않는다. 자존감이 적당하게 잘 형성된 사람은 상대와 나를 비교하지 않고, 나를 믿고 인정하는 만큼, 상대방을 인정해 주기 때문에 긍정적인 관계를 유지할 수 있다. 이러한 긍정적인 관계는 학교나 직장에서도 자신감으로 보여지기 때문에 사회생활을 잘하는 경향이 있다. 자신을 지탱해 주는 감정의 심지가 굳건하여, 다른 사람의 비난이나 혹은 실수에 대해서도 일희일비(一喜一悲)하지 않는다. 하지만 자존감이 약한 사람은 상대의 감정이나 평가에 행동이 좌우되기 때문에 자신감이 부족하고, 낮은 자신감은 열등감으로 표출되어 대인관계가 원만하지 않게 된다.

　그러나 낮은 자존감만큼이나 무조건 높은 자존감도 부작용이 있다. 자기 스스로를 너무 사랑하고 존중하다 보니 타인에 대한 배려 없이 자기만의 세계에서 우월하게 대우받기를 희망하는 태도가 나타남으로 종종 상대를 무시하는 행동으로 비춰질 수 있다.

〈표 3-1〉 자신감, 자존감, 자존심의 구분

자신감	자존감	자존심
• 자신에 대한 긍정 • 경쟁속에서의 긍정 • 자신의 능력과 해결해야할 과제의 난이도를 비교함으로써 형성	• 자신에 대한 긍정 • 있는 그대로의 모습에 대한 긍정 • 자신의 능력과 한계에 대해 어떻게 생각하는지에 대한 전반적인 의견 • 스스로 가치있는 존재임을 인식	• 자신에 대한 긍정 • 남에게 굽히지 않고 스스로의 품위나 가치를 지키려는 마음

1. 높은 자존감의 부작용

자존감은 자기개발서에 많이 등장하는 단어로 스스로의 역량을 키우기 위해 우선적으로 부여하는 마음가짐이다.

"나는 할 수 있다", "실패해도 괜찮아", "지금은 여기까지, 그 다음은 다시 또 해보자"

위와 같은 자세와 마음가짐은 자존감을 높이고 자기개발을 하는데 반드시 필요하고 중요하다. 자신감과 자존감이 높은 사람은 성공할 확률이 높고 자신의 목표를 향해 꾸준히 노력하게 하는 원동력이 된다. 그러나 무엇이든지 균형이 중요하듯 너무 높아져 버린 자존감은 부작용을 가져온다. 타인에 대한 배려보다는 자신의 우월성을 우선시 하여 "나는 사랑받아야 해", "나는 소중한 사람이야", "내가 우선이야"라는 자칫 잘못된 생각으로 사회생활을 망쳐버리는 경우가 생길 수 있다.

따라서 사회생활이나 직장생활에서는 타인이 불편해 하지 않는 범위에서의 자존감 형성이 필요하다.

Q. 자존감이 지나치게 높은 경우의 문제점은 무엇인가?

2. 낮은 자존감의 부작용

  가장 크게 나타나는 부작용은 스스로가 '행복'에 대해 인지하지 못하는 것이다. 자기 스스로에 대해 타인과 비교를 하고, 늘 부족한 부분만을 직시하기 때문에 열등의식을 가지고 있다. 나의 의견이나 생각, 가치관에 의한 행동이나 선택이 아닌 타인의 시선을 의식하기 때문에 좋아하는 일에 대한 자부심이 없고, 타인의 기준에 맞는 직업이나 배우자를 선택해야 자존감이 올라간다고 생각한다. 그러나 이러한 결정에 회의를 느끼고 자기혐오와 실패에 대한 회복이 어려워지는 악순환을 가지게 된다.

  자기 자신에 대한 믿음이 없고, 스스로를 존중하지 않기 때문에, 자신의 성과나 능력보다는 타인의 능력이 더 뛰어나다고 믿고, 그러한 상대에 대해 시기와 질투가 많다. 또한 스스로는 리더의 자질이나 자격이 없다고 생각하여 무언가를 주도하려는 의지가 없다.

  일을 할 때에도 실수를 하면 안 된다는 강박증이 있어 긴장을 잘하고 상대의 작은 말이나 시선에도 당황하여 일의 결과가 좋지 않게 된다. 자신의 성과와 좋은 결과에 대해서도 믿지 못하고, 부족한 만족감을 채우기 위해 오히려 외부적으로 충동구매를 하거나, 외모 관리, 명품에 집착한다. 명품이 없으면 자신은 초라하다고 느끼게 되는 것이다.

Q. 자존감이 지나치게 낮을 경우의 문제점은 무엇인가?

제2절 자존감의 중요성

　자존감은 인생에서의 전반적인 행복감, 대인관계, 긍정적인 생활만족도 등에 밀접한 관계를 가지고 특히 성공의 키워드로 자주 등장한다. 이러한 자존감이 낮을 경우 우울, 불안, 자살 및 폭력적 생각, 부적응과 관련되어 반사회적인 행동으로 표출되기도 한다. 따라서 자존감은 단순히 높다 낮다의 의미가 아닌 사회문제에서도 중요한 이슈가 될 수 있다.

1. 자존감이 하락되는 원인

1) 과거의 트라우마

　트라우마(trauma)는 사전적 의미로 '정신적 외상'이라고 하는데, 일반적으로 육체에 생기는 상처로의 외상은 시간이 지나면 서서히 사라지나, 충격적인 경험으로 생기는 정신적 상처로의 외상은 사람의 마음속에 깊이 남아 이로 인한 합병증을 평생 유발하게 되는데, 이를 '트라우마'라고 부른다.
　사람들 사이에서 가장 일반적으로 알려져 있는 트라우마는 '따돌림'의 경험이다. 초·

중·고 시절 따돌림의 경험이 있는 사람은 정신적으로 큰 트라우마를 가지게 되는 데, 이를 자신의 자아에 대한 잘못된 표상으로 이어져 "자신은 다른 사람과 어울리기에 부적절하다"라고 부정적 생각을 가질 수 있게 된다. 이러한 부정적 생각은 결과적으로 자존감의 하락을 초래할 수 있다. 그러나 '따돌림'의 경험이 부정적인 자아상으로 이어져서는 안 된다. 모든 것을 자기 탓으로 돌려버리는 생각은 그 당시에는 편한 방법으로 사용할 수 있지만, 반복되는 '내 탓이오'라는 발상은 시간이 지나면서 자신이 사회적으로 부적절한 사람이라고 생각하게 될 수도 있기 때문이다.

이들에게 우선 필요한 것은 '성공의 경험'이다. 나 스스로 만족할 수 있는 어느 한 부분이나 특정 분야에서의 성공은 자신의 자존감을 올리는 가장 중요한 선행과제이다. 가장 빠르게 자존감을 올리는 방법 중 하나는 외모의 변화이다.

예를 들어 다이어트는 스스로의 노력으로 충분히 달성할 수 있는 성공의 경험이 될 수 있다. 눈에 띄게 변화한 모습에 주위 사람들이 자신의 변화를 감지하는데 빠르고, 본인의 만족도도 높다. 옷 입는 스타일이나 분위기를 바꿔보는 것도 좋다. 건강한 다이어트를 추천해 주면서 대인관계도 좋아지는 방법이 될 수 있다. 또한 기타나 피아노 같은 특기를 개발시켜 사람들 앞에서 연주하거나 자신이 호감이 가는 사람이라는 스스로 인식이 필요하다.

이러한 주위의 긍정적인 시선인 '긍정적 자극'은 자신감을 심어주어, 트라우마와 부정적 생각의 연관 고리를 끊고 자신의 자아상을 새로운 방향으로 바꿀 수 있다. 불가피한 과거의 경험은 자신의 잘못으로 일어난 것이 아니다. 그리고 그것이 부적절한 인간임을 암시하지 않는다. 트라우마를 극복하고 자신의 자아상을 높이기 위해 끊임없이 자기개발을 해야 한다.

2) 콤플렉스

콤플렉스(complex)는 열등의식 또는 자신의 모습에 대한 열등감(inferiority)을 갖는 것을 말한다. 심리학에서는 좀 더 복잡한 의미를 가지고 있는 데, 강한 정서적 반응을 불러 일으키는 무의식적 관념이나 욕망 또는 기억을 일컫는다. 이러한 콤플렉스는 주로 성장기에 형성되는 경우가 많은데 외모에서 보여지는 것에서 시작되어 모욕적인 경험이 쌓이면서 결국 하나의 콤플렉스 기제를 발생시키는 것이다. 누군가 당신의 이러한 콤플렉스를 건드리면 그는 강한 정서적 반응을 일으키게 되는 것이다. 이는 분노, 혹은 반대로 극심한 좌절감이 될 수 있다. 이러한 열등의식 콤플렉스는 히스테리와 자기고립이라는 부작용을 가지고 있는 데, 히스테리는 일명 신경증의 일종으로 남의 이목을 집중시키는 것을 바라고, 오기가 있고, 감정의 기복이 심하다는 특성이 있다. 일부에서는 관심종자(관종) 혹은 허언증과 같은 부산물이 만들어지기도 한다.

콤플렉스는 무의식중에 '애정결핍'이라는 일차적인 원인이 있는 데, 쉽게 말해 사람들이 나를 좋아하지 않는 듯한 느낌에서 시작하게 된다. 결국 이에 대한 반작용으로 사람들이 나를 떠나지 않고 좋아해 주기를 바라는 병적 욕망이 형성된다는 것이다. 이러한 병적 욕망이 '허언증'과 혹은 자신을 과장하거나 왜곡함으로써 다른 사람의 관심(애정)을 얻고자 하는 정신병으로 심화되어 가기도 한다. 따라서 자신의 내부에 극심한 콤플렉스를 가지고 있는 사람은 주위의 관심을 사기 위해 끊임없이 노력하고 심할 경우 히스테리는 조울증이나 강박증을 초래하기도 한다.

둘째로 콤플렉스는 자기고립(self-isolation)을 초래하기도 하는 데, 자기고립은 콤플렉스로 인해 사회와의 교류를 완전히 차단해 버리는 상태를 말한다. 흔히 말하는 히키코모리(hikicomori, 은둔형 외톨이)들이 이러한 부류에 속한다. 이러한 자기 고립상태는 결국 우울증이라는 부작용을 낳으며 최악의 상황을 만들기도 한다.

이러한 측면에서 인간은 '사회적 동물'이며 사회적 행복(social happiness)을 추구한다는 것을 보여준다. 상대방이 나와 말하는 것을 좋아하고, 나를 매력적이라고 느끼면 나 스스로 행복하다고 느낀다는 것이다. 당연한 맥락으로 히키코모리와 같이 사회 구성원들과 단절된 사람은 사회적 행복감을 느끼지 못한다. 인간이 사회적 행복을 지속적으로 받지 못하면, 극심한 쾌락 요구 상태에 놓이는 데, 이러한 신체의 쾌락요구를 충족하지 못할 경우 강렬한 우울감과 자괴감을 경험하고 범죄로 이어질 수도 있는 것이다.

사람들과 만나지 않으니 우울증은 더욱 심화되고 흔히 "인생은 혼자다", "혼자인게 편해"라고 하지만 이는 심리학 측면에서 봤을 때 결코 자연스럽지 못하다는 것이다.

3) 성장환경(가정환경)

나를 절대적으로 믿고 지지해주는 사랑의 느낌을 못 받고 성장하게 될 경우 자기 자신을 사랑할 줄 모르는 사람이 될 가능성이 크다. 자신을 사랑할 줄 아는 사람이 다른 사람도 사랑할 수 있고, 모든 인간관계에서 어려움에 부딪칠 때, 좀 더 수월하게 헤쳐 나갈 수 있기 때문이다. 대부분의 사람들은 가정이 화목하고 그런 가정에서 자란 아이들이 대체로 자존감도 높을 것이라고 생각한다. 하지만 모든 게 부모 책임이라는 건 틀린 말이다. 나를 만드는 것은 타인이 아닌 나 자신이기 때문이다. 지금의 나를 형성하고 있는 것은 내가 선택한 결과이기 때문이다. 마음만 먹으면 언제든지 나는 변할 수 있다.

2. 균형잡힌 건강한 자존감

건강하고 바람직한 자존감은 두 극단 사이에 자리 잡고 있다. 자존감이 건강하다는 뜻은 자신을 공정하고 정확하게 볼 수 있다는 것을 의미한다. 예를 들면, 자신의 가치를 잘 알고 자신을 좋게 평가하는 경향을 지니고 있지만 부족한 점에 대해서도 잘 알고 있다는 것이다. 특히 자존감은 가까운 사람 등 타인과의 관계, 경험, 생각 등에 의해서 형성된다. 어린 시절에는 부모, 형제자매, 동년배 친구들이나 선생님과 같이 가까운 사람들과의 관계가 자존감 형성에 큰 역할을 한다. 가까운 관계의 사람들로부터 긍정적인 피드백을 받을 경우 자신에 대한 믿음이 높아지고 자신이 지니고 있는 가치를 적절하게 평가할 수 있는 건강한 자존감을 지닌 사람으로 형성될 가능성이 높다. 반대로 애정이 결여된 냉혹한 비판, 습관적인 비난, 조롱 등과 부정적인 피드백을 받고 자랄 경우 자존감이 결핍된 사람으로 성장할 가능성이 높다.

행복한 연애를 위한 많은 조언들을 보면 가장 중요하게 뽑는 것이 '자존감'이라는 단어이다. 혼자서도 행복할 줄 아는 사람이 연애도 잘한다는 것이다. 연애는 자신의 상황이 좋을 때, 자기가 편할 때 해야 남도 편하게 해줄 수 있다는 말에 많이 공감한다. 상황이 좋지 않았던 시기, 나의 자존감이 낮아졌을 때 자기 자신한테 집중하기도 버거운 상황에서 연애하다 보니, 이전에 만났던 상대에게 못난 행동을 많이 했던 기억이 있을 것이다. 이는 스스로의 잘못으로 인해 소중한 사람을 놓치게 되는 안타까운 추억일 것이다.

자기 인생을 사랑하고, 혼자서도 행복하게 살아갈 줄 아는 자존감이 높은 사람은 그만큼 연애도 잘하게 된다. 자기 자신을 소중하게 여기니까 자기 인생을 소중하게 책임지고 가꾸어간다. 따라서 상대방도 함부로 무시하거나 희생을 강요하지도 않는 것이다.

내가 사랑하는 상대가 있다면 상대방을 위해서라도 스스로를 아끼고 소중하게 생각해야 한다. 남에게 사랑을 줄 수 있다면 그는 자기 자신에게도 사랑을 줄 수 있는 사람이다. 이는 스스로 키울 수 있다.

한양대학교 정신건강의학 박용천 교수는 자기 존중감이 약하면 상대의 작은 지적에도 민감하게 반응한다고 말한다. 본인 스스로가 형편없다고 생각해 왔고, 억지로 숨기려 했는데, 그것이 남에게 드러난다면 스스로가 너무 비참해진다고 생각하기 때문에 사소한 일이라도 자존심을 건드리면, 목숨 걸고 덤비는 것이다. 원래 자존감이 강하다는 말은 튼튼하다는 표현이다. 만약 자기를 존중하는 마음이 강한 사람이라면, 남에게 양보하거나 져주더라도 자신감이 있으니 별로 영향을 받지 않는다. 자기를 존중하는 마음이 강하고 성숙한 사람은 자기를 지키기에 급급하지 않으니 여유가 있다. 그래서 남에게 져주거나 양보할 여력이 있는 것이다. 누구나 상대방으로부터 '잘못이나 실수에 대한 지적과 비난'을 들을 수 있다. 성숙한 사람은 일단 자신이 잘못했는지 검토부터 해본다. 만약 본인이 잘못했다면 잘못을 받아들이고 인정하며, "다음에 더 잘해야겠다"라고 생각한다. 반대로 자신의 잘못이 아니라면 상대방의 오해를 풀어주려고 한다. 혹시 그 오해를 상대방이 받아주지 않는다 하더라도 "아직 상대방이 그럴만한 여유가 없구나"라고 생각하면 된다. 받아들일 여유가 없는 사람과 다퉈봐야 서로 이로울 게 없다. 이렇게 하면 자신이 상처를 받지 않고 남에게 상처도 주지 않게 된다(경향신문[건강칼럼], 2013).

제3절 자존감을 높이는 방법

자존감을 높이는 방법은 자기 스스로의 부정적이고 비판적인 생각을 긍정적인 경험으로 바꾸는 것이다. 타인의 잣대나 기준이 아닌 나 스스로가 만족할 수 있는 방법과 의미를 도출하는 것이다.

1. 성공의 경험 만들기

나 스스로가 인정할 수 있는 성공의 경험을 만드는 것이 중요하다. 인생을 살면서 나의 힘으로 모두가 인정할 수 있는 객관적인 성공을 이루어낸다면 나도 괜찮은 사람이라는 생각에 자존감이 조금씩 쌓이게 된다. 이러한 성공을 만들기 위해서는 실현가능한 목표를 세우는 것부터 시작해야 한다. 너무 거창한 계획을 세우기보다는 실현 가능한 목표부터 기간을 정해서 하루하루 실천계획으로 쪼개면 좋다.

나의 목표를 방해하는 요소를 과감하게 제거하고, 현명하게 시간관리를 시작해 보자. 아주 작더라도 내가 세운 목표를 달성한다면 그 다음 목표로 이어지는 성공을 경험할 수 있을 것이다.

2. 긍정적인 사람 만나기

생각이 행동을 만들고 행동이 미래를 만든다는 말이 있다. 비관적으로 생각하면 어느새 그대로 실현이 될 가능성이 높다. 안 좋은 생각과 부정적인 믿음은 그 연결고리가 계속 이어지게 된다. 자기 스스로에 대한 부정적인 마음의 연결고리는 가능한 빨리 끊어내는 것이 좋다. 현실을 빠르고 정확하게 보기 위해서는 주변의 친구들이나 인간관계에서 도움을 받아야 한다. 혼자 숨지 말고 긍정적인 사람들에게서 긍정의 에너지를 받아보자.

나를 부정적이게 만드는 관계의 사람보다는 긍정적인 생각과 시각을 가진 사람을 통해 자존감을 높일 수 있다. 그들의 지원과 지지를 얻는다면 자존감은 더욱 단단하게 형성될 것이다.

3. 완벽주의 벗어나기

한 번의 실수를 너무 오래 기억하지 말자. 나 뿐만 아니라 모든 사람은 완벽하지 않다. 모든 일에 완벽하고자 하는 생각에 자신을 너무 혹독하게 탓하고 있는 것은 아닌지 생각해 보자. 너무 높은 기준을 설정한 것은 아닌지, 도달하기 힘든 이상적인 계획을 세운 것은 아닌지 살펴보아야 한다. 자신을 과소평가하는 것도 낮은 자존감의 문제일 수 있지만, 이상적인 계획으로 필요 이상의 과도한 목표를 설정하여 잦은 실패를 하는 것은 더욱 자존감을 낮게 만들 수 있다. 이 정도는 성공해야 인정받을 수 있을 거라는 생각에 완벽하고자 하는 마음은 이해하지만, 정작 자신에게는 도움되지 않는다.

실수나 실패에 대해서는 스스로를 용서하고 격려하도록 한다. 핑계거리를 주라는 것이 아니다. 변명이나 핑계가 아닌, 자신의 성취한 작은 부분이라도 인정해 주라는 것이다.

내가 나를 격려하고 응원해줄 때 스스로가 다시 일어날 수 있는 힘을 얻게 되기 때문이다. 자존감이 어린 시절에 형성되는 것이어도 현재의 태도와 의지에 따라 얼마든지 건강하게 바꿀 수 있다. 자존감은 인생의 모든 면에 영향을 주기 때문에 지나치게 자존감이 낮다면 끌어 올릴 필요가 있다.

활동 1

▶ 행복은 자존감에서부터 온다고 한다. 스스로를 얼마나 사랑하고 있는지, 자존감 레벨 테스트를 통해 알아보자.

① 나는 무엇이든 다른 사람들 만큼 잘 할 수 있다.

(전혀 그렇지 않다) 0 1 2 3 4 5 6 7 8 9 10 (매우 그렇다)

② 나는 나 자신에 대해 긍정적으로 생각한다.

(전혀 그렇지 않다) 0 1 2 3 4 5 6 7 8 9 10 (매우 그렇다)

③ 사람들과 비교했을 때 나는 가치있는 사람이라 믿는다.

(전혀 그렇지 않다) 0 1 2 3 4 5 6 7 8 9 10 (매우 그렇다)

④ 나에게도 몇 가지 좋은 장점이 있을 것이라 믿는다.

(전혀 그렇지 않다) 0 1 2 3 4 5 6 7 8 9 10 (매우 그렇다)

⑤ 전반적으로 나는 실패자인 것 같다.

(전혀 그렇지 않다) 0 1 2 3 4 5 6 7 8 9 10 (매우 그렇다)

⑥ 내게는 내세울 만한 것이 없다.

(전혀 그렇지 않다) 0 1 2 3 4 5 6 7 8 9 10 (매우 그렇다)

⑦ 대체로 나 자신에 만족하고 있다.

(전혀 그렇지 않다) 0 1 2 3 4 5 6 7 8 9 10 (매우 그렇다)

⑧ 나는, 내가 나를 좀 더 존중했으면 좋겠다.

(전혀 그렇지 않다) 0 1 2 3 4 5 6 7 8 9 10 (매우 그렇다)

⑨ 때때로 내가 아주 쓸모없는 사람이라는 느낌이 든다.

(전혀 그렇지 않다) 0 1 2 3 4 5 6 7 8 9 10 (매우 그렇다)

⑩ 때때로 내가 무능하다는 생각이 든다.

(전혀 그렇지 않다) 0 1 2 3 4 5 6 7 8 9 10 (매우 그렇다)

▶ 온라인 자존감 레벨 테스트의 결과를 확인해 보자.

[QR코드 스캔]
나의 자존감 레벨은?
https://together.kakao.com/hello/1/story

▶ 테스트 결과
모두 답했으면 합산 점수를 구하여 삶에 대한 전반적인 만족도 점수를 산출합니다

- 32 ~ 35점 : 매우 행복 (나의 행복에 대한 의미를 찾아보면 좋은 상태)
- 28 ~ 31점 : 상당히 행복 (높은 행복 수준을 유지하기 위한 방법을 찾아보면 좋은 상태)
- 23 ~ 27점 : 행복 (더 행복해지는 데 도움을 주는 방법을 찾아보면 좋은 상태)
- 18 ~ 22점 : 별로 행복하지 않음 (더 행복해질 여지가 있고, 행복해지는 방법을 연습해야 하는 상태)
- 13 ~ 17점 : 불행 (행복이란 무엇이고 개선시키기 위한 방법을 실천해야 하는 상태)
- 12점 이하 : 잠재적 우울증 (심리치료 등 전문가의 도움이 필요한 상태)

외모가 아름다우면 행복할까? (외모라는 함정의 후광효과)

아름다움에 끌리는 것은 인간의 본능입니다. 한 심리학 실험에 따르면 생후 3개월이 갓 지난 아기들도 아름다운 사람에게 더 관심을 보인다고 합니다. 일부 학자들은 우리가 아름답고 매력적인 외모를 감지하는 능력을 가지고 태어난다고 주장합니다. 아름다움이 인간의 생존과 번식에 이익을 준다는 진화론자들의 주장을 반박하는 사람은 별로 없을 것입니다. 그렇다면 신체적 아름다움은 우리의 삶을 행복하게 할까요? 일단 연구결과로는 그렇다고 합니다. 하버드대학교 정신건강의학과의 낸시 에트코프(Nancy Etcoff) 교수는 1957년 미국 위스콘신에서 고등학교를 졸업한 만 여 명의 사람들을 대상으로 50년간 추적 연구를 했는데 외모가 출중한 사람은 고등학교를 졸업한지 50년이 지난 뒤에도 행복하다는 결과가 나왔습니다(Gupta et.al., 2016).

낸시 교수는 외모를 '얼굴' 점수와 '몸매' 점수, 두 가지로 규정하고 이 수치가 개인의 행복과 우울에 어떠한 영향을 미치는지 분석했습니다. 연구 결과 고등학교때 예쁘고 잘생긴 사람들은 평균적으로 5.5% 더 행복했고, 날씬한 사람은 약 7.4%정도 더 행복한 것으로 나타났습니다. 교육수준이 높은 사람, 건강한 사람, 연봉이 높은 사람의 행복도가 일반적인 경우보다 각각 4.6%, 4%, 3% 더 큰 것과 비교해 보면 이는 비교적 높은 수치입니다.

낸시 교수는 이 같은 결과가 신체적 아름다움이 가진 후광효과(Halo Effect)에 의한 것이라고 설명했습니다. 후광효과란 사람의 한 가지 측면이 그 사람 자체에 대한 전반적인 평가에 영향을 주는 현상을 말합니다. 외모가 아름다운 사람들은 주변 사람들로부터의 외모 이외의 측면에서도 좋은 평가를 많이 받게 되고, 그로 인해 높은 자존감과 자기 만족감을 갖게 됩니다. 이러한 자존감과 자기 만족감을 바탕으로 그들을 주변 사람들과 좀 더 쉽게 좋은 인간관계를 맺게 되고, 그 속에서 행복을 경험하게 되는 것입니다. 여기서 주목해야 할 것은 외모가 뛰어난 사람들이 행복한 것은 외모 자체의 효과라기보다는 주변 사람들이 이들은 '좋은사람'이라고 인식하기 때문이라는 점입니다.

결국 주변에서 좋은 사람으로 인식하는 사람들이 행복한 것이고, 외모는 타인의 호감을 불러일으키는 수많은 요소들 중 하나에 불과하다는 것입니다. 다시 말해, 아무리 뛰어난 외모를 지닌 사람이라도 주변 사람들에게 좋은 사람으로 인식되지 않는다면 그 사람은 불행할 수 있다는 것입니다. 반대로 그다지 뛰어나지 않은 외모를 지닌 사람이라도 주변 사람들에게 좋은 사람으로 인식된다면 그 사람은 행복한 삶을 살 수 있습니다.

분명 신체적 아름다움은 큰 장점이 될 수 있습니다. 아름다운 외모를 지닌 사람들은 후광효과의 덕으로 타인들의 주목과 호의를 얻는 것이 쉬운 것은 사실입니다. 하지만 우리가 오해하지 말아야 할 사실은 외모 자체가 행복을 가져오지 않는다는 점입니다. 행복은 외모 그 자체가 아닌 좋은 관계와 높은 자존감이 가져오는 것입니다. 외모와 행복을 이어주는 다리와 같은 역할을 하는 것은 좋은 인간관계와 높은 자존감이라는 것을 잊지 말아야 합니다. 사람들과 좋은 관계를 유지하고 나 스스로를 아낄 줄 아는 것은 아름다운 외모의 도움 없이도 충분히 가능합니다.

행복한 삶을 사는데 외모는 분명 비중이 있습니다. 하지만 외모는 인생의 조연일 뿐 주연은 따로 있습니다. 바로 좋은 인간관계와 높은 자존감이 행복한 삶의 진짜 주인공입니다.

▶ 행복성향 테스트

① 당신은 지금 당신의 삶에 얼마나 만족하십니까?

(전혀 그렇지 않다) (매우 그렇다)
| 0 | 1 | 2 | 3 | 4 | 5 | 6 | 7 | 8 | 9 | 10 |

② 당신은 지금 얼마나 행복합니까?

(전혀 그렇지 않다) (매우 그렇다)
| 0 | 1 | 2 | 3 | 4 | 5 | 6 | 7 | 8 | 9 | 10 |

③ 의미있는 삶을 살고 있다고 느낍니까?

(전혀 그렇지 않다) (매우 그렇다)
| 0 | 1 | 2 | 3 | 4 | 5 | 6 | 7 | 8 | 9 | 10 |

④ 당신은 지금, 얼마나 스트레스를 받고 있습니까?

(전혀 그렇지 않다) (매우 그렇다)
| 0 | 1 | 2 | 3 | 4 | 5 | 6 | 7 | 8 | 9 | 10 |

⑤ 당신은 지금, 지루한 감정을 얼마나 느끼고 있습니까?

(전혀 그렇지 않다) (매우 그렇다)
| 0 | 1 | 2 | 3 | 4 | 5 | 6 | 7 | 8 | 9 | 10 |

⑥ 당신은 지금, 짜증나는 감정을 얼마나 느끼고 있습니까?

(전혀 그렇지 않다) (매우 그렇다)
| 0 | 1 | 2 | 3 | 4 | 5 | 6 | 7 | 8 | 9 | 10 |

⑦ 당신은 지금, 즐거운 감정을 얼마나 느끼고 있습니까?

(전혀 그렇지 않다) (매우 그렇다)
| 0 | 1 | 2 | 3 | 4 | 5 | 6 | 7 | 8 | 9 | 10 |

⑧ 당신은 지금, 평안한 감정을 얼마나 느끼고 있습니까?

(전혀 그렇지 않다) (매우 그렇다)
| 0 | 1 | 2 | 3 | 4 | 5 | 6 | 7 | 8 | 9 | 10 |

⑨ 당신은 지금, 우울한 감정을 얼마나 느끼고 있습니까?

(전혀 그렇지 않다) (매우 그렇다)
| 0 | 1 | 2 | 3 | 4 | 5 | 6 | 7 | 8 | 9 | 10 |

⑩ 당신은 지금, 불안한 감정을 얼마나 느끼고 있습니까?

(전혀 그렇지 않다) (매우 그렇다)
| 0 | 1 | 2 | 3 | 4 | 5 | 6 | 7 | 8 | 9 | 10 |

▶ 좋은 인간관계와 높은 자존감에 따른 행복 테스트의 결과를 확인해 보자.

행복성향 테스트
https://together.kakao.com/hello/1/story

활동 2

가스라이팅(JTBC News, 2018)
https://www.youtube.com/watch?v=Y1_Zz8heiOU

▶ 가스라이팅

　스스로를 의심하게 만드는 가스라이팅(Gaslighting)은 물리적 폭력은 없지만 정서적으로 이루어지는 폭력의 형태이다. 자신의 정신상태와 판단체계를 흔들어 스스로를 의심하게 만들어 주체적인 행동을 할 수 없게 만드는 행동이라고 할 수 있다. 쉽게 말하면 "너를 위해 하는 말인데" 또는 "내가 너를 아껴서 이러는데"와 같이 나를 위하는 척하고 말도 안 되는 지적을 하거나 위로하는 척하며 포장하여 병 주고 약 주고 하는 것이라고 할 수 있다. 나를 위한다고 하니 화도 못 내고 분위기에 본인이 이끌려 가는 것이다. 싸우고 논쟁하는 것은 사람의 본성과도 같기에 교묘히 서로를 조종하는 관계가 있을 수는 있다. 그러나 조종자가 스스로를 통제하고 있다는 사실조차 모르게 되면 이는 행동, 감정, 관계까지도 다른 사람에게 통제되고 조정당할 수 있게 된다. 이러한 조작은 가족, 친구 또는 가장 신뢰하고 중요하게 생각하는 사람들에게서도 일어날 수 있다. 대부분 사람은 이익에 따라 주변 환경을 통제하려는 욕구가 있으므로 가까운 곳의 조종자들을 인식하고 있을 필요가 있다. 누군가가 주변인을 조종하려는 태도를 보일 때 모르는 척하는 것은 진정한 자아와 단절되도록 부추기는 것과 다르지 않다. 또한 신체적·정서적·정신적으로 타인을 해치는 건강하지 못한 행동을 발달하도록 유발할 수 있다.

　가스라이팅은 피해자가 자신의 정신 상태를 스스로 의심하게 만드는 교묘한 방법을 사용하여 어떠한 사건에 대한 판단력을 상실하게 만든다. 이러한 조종 전략은 매우 효과적이어서 결국 피해자는 불안함과 혼란에 빠져 가해자에게 의존하게 되는 것이다. 가스라이팅은 1944년에 개봉된 영화 〈가스등(Gaslingt)〉에서 사용된 단어로, 남편은 아내를 조작해 스스로 미쳤다고 믿게끔 만든다. 이러한 관계는 학대적인 낭만관계로 묘사되는데, 가족이나 부부뿐만 아니라, 친구와의 우정이나 직업적 관계에서도 발생한다. 가스라이팅은 불안, 우울 및 낮은 자존감을 유발하는 해로운 정서적 조작기법이다.

다음은 가스라이팅 사례이다. 예를 들어 살펴보자.

1. 판단 흐리기

[예시1]

제리 : 톰! 너 오늘 무슨 일 있어? 얼굴이 안 좋아 보인다.
톰 : 아니 아무 일도 없는데?
제리 : 아니야 넌 내가 잘 아는데 지금 엄청 침울해. 왜 그래? 무슨 일이야?

   (의도적으로 접근해 유대감 형성)

톰 : 아 그래? 이상하네?

   톰은 기분이 아무렇지도 않지만 침울한 원인을 생각하기 시작함.

톰 : 아~ 어제 밤에 라면을 먹고 자서 그런가?
제리 : 거봐 그거네 침울해 보이더라니까. 넌 내가 보면 딱 알아. 너는 내가 잘 안다니까.

   톰은 의식적으로 침울하다고 인지하고 무의식적으로 없는 감정을 느끼기 시작. 그리고 제3자에게 조언을 구할 수도 없음.

[예시2]

   친구들과 모임 후에 기분 좋게 집에 가는 톰과 제리(모임 분위기는 매우 좋았음)

제리 : 너 아까 애들이랑 있을 때 눈치없이 말 많이 하더라. 그럼 애들이 너 싫어해.
톰 : 내가? 난 그냥 말 하는거 장단만 맞췄는데?
제리 : 말 많이 하는 사람이 그걸 어떻게 알아. 너는 항상 잘못 말하는거 같더라. 내가 봤는데 애들 되게 싫어하는거 같던데?

   (확인하기 애매한 기억을 왜곡)

톰 : 아 진짜? 내가 좀 그랬나?

    톰은 자기가 했던 행동들을 되새기며 자신의 정상적인 행동도 제대로 기억하지 못하고, 잘못된 것이라고 정의하기 시작. 그런데 다른 친구들한테 자기가 지루했냐고 물어볼 수도 없기 때문에 계속 고민만 하게 됨.

[예시3]

    편의점에서 과자와 음료를 구매한 후에 집으로 가는 톰과 제리.

제리 : 너 아까 과자 살 때 보니까 음료수를 먼저 사고 과자를 사더라?
톰 : 그게 왜? 그러면 안 되는 건가?
제리 : 과자를 사고 음료수를 사야지 누가 음료수부터 사냐?
톰 : 음료수부터 사든지 과자부터 사든지 무슨 상관이야? 먹으면 맛있는데.
제리 : 에휴 그럼 니 마음대로 해라. 나는 너 생각해서 말하는건데. 사람들이 다 이상하게 생각할거야. 아까 편의점 직원도 너 이상하게 보던데?

    (확인이 애매한 걸 근거로 만듦)

    톰은 말도 안 된다고 이상하게 생각하면서도 의구심을 가짐. 그리고 편의점 직원한테 자기가 이상해 보이는지 물어볼 수도 없음. 결국 자신의 행동을 되새기며 정상적인 행동을 할 때도 의심을 하게 됨.

[예시4]

    식당에 와서 주문을 하는 톰과 제리.

직원 : 그럼 정식 2개로 드리면 되는 거죠?
톰 : (덤덤하게) 네. 맞아요.
제리 : (직원이 옆에 있는데) 야. 넌 애가 왜 이렇게 무례하냐? 죄송해요. 얘가 좀 이래요.

(반격 못하는 상황을 만듦)

톰 : (당황) 어? 나. 왜? 아.... 죄송해요.
직원 : 아니예요. 전 괜찮아요. 이렇게 주문 도와 드릴께요(직원 퇴장).
톰 : 근데 내가 뭘 잘못한 거야?
제리 : 아니 너 말투가 왜그래? 말을 그렇게 하면 어떡해? 내가 너 걱정해서 하는 말인데, 너 그거 갑질이야 조심해.
톰 : 난 그냥 대답한건데...

　　톰은 문제없는 행동을 했음에도 불구하고 다른 사람들이 있는데서 지적을 받아서 화가 나는 것 보다 부끄러움이 더 커서 화도 낼 수 없고 자신의 잘못을 찾는 것에 집중을 하게 됨.

2. 상황 조작하기

[예시1]

　　제리는 톰에게 비싼 고가의 지갑을 선물하고, 톰 몰래 숨겨둔 상황.

가가멜 : 톰, 너 지난번에 선물 받은 지갑 어디에 있어? 나도 보여줘 궁금하다.
톰 : 아! 그거 서랍에 뒀어. 찾아봐.
제리 : 무슨 소리야. 니가 신발장에 두는거 봤는데.
톰 : 엥? 내가 바보냐 그걸 왜 신발장에 둬.
제리 : 나도 이해가 안됐는데 이유가 있겠지 싶어서 그냥 보고 있었지.
가가멜 : 야~~ 이거 뭐야 지갑이 왜 신발장에서 나와. 왜 저래?
제리 : 거봐 내가 뭐랬어. 내말이 맞잖아. 왜 내 말을 안 믿냐?
톰 : 어 뭐지. 나 분명히 서랍에 뒀는데. 이게 왜 여기서 나와?

　　이런 상황이 여러 번 반복 되면 톰은 자신의 정확한 기억까지도 믿지 않게 됨.

[예시2] 제리는 톰의 핸드폰으로 톰인 척 가가멜에게 급하게 만나자고 문자를 보냄.

가가멜 : 아니 급하다고 나오라고 해놓고 여기서 뭐해 지금 장난해?
톰 : 무슨 소리야 내가 언제 그랬어.
제리 : 아까 가가멜한테 문자하더만
톰 : 어? (핸드폰 보고) 뭐야 이거.
제리 : 가가멜, 니가 이해해라. 얘가 요즘 계속 이런다. 톰 너는 자꾸 아니라고만 하지말고 내말 좀 들어. 너 많이 이상해지고 있어.

이런 상황은 단 한번만 일어나도 자신의 상태를 계속 의심하게 됨.

3. 가스라이터들의 말투

의도적으로 가스라이팅을 하는 사람도 있고, 본능적으로 가스라이팅을 하는 사람도 있다. 그들의 화법에는 공통적인 멘트가 있는 데, 처음에는 조언을 하거나 위로를 해주기 시작해서 부탁하지도 않은 지적질을 시작한다. 지적을 한 후에는 결국 자신의 말을 듣게 만든다. 그들의 말에는 아래와 같은 습관적인 문장들이 있다.

① 나는 너의 편이야 : 유대감 형성
② 넌 항상 잘못하는거 같아 : 기억의 왜곡
③ 내가 한말이 맞아? 안 맞아? : 세뇌 시키기
④ 내가 하라는 대로만 하면 돼 : 세뇌 시키기
⑤ 너 생각해서 하는 말인데, 나는 너를 잘 알아 : 신뢰형성 미니마이징
⑥ 그럼 그렇지~ 내 말을 들었어야지 : 자존감 뭉개기
⑦ 다른 사람도 다 그렇게 생각해 : 판단 흔들기
⑧ 왜 이렇게 예민해 넌 그게 문제야 : 왜곡하기
⑨ 아까 실수한거 같더라 : 왜곡하기
⑩ 그게 아니고 그건 있잖아~ : 판단 흔들기
⑪ 너 ~~ 해보여 괜찮아? : 감정 흔들기

가스라이팅을 하는 조정자는 오히려 상대방에 의해 보호되는 경향이 있기 때문에 쉽게 구별

하기 어렵다. 관계에서 문제를 일으키는 특성은 삶에서 가장 중요한 사람들로부터 숨겨져 보이지 않을 것이다. 조종자는 때로 매우 매력적일 수 있고 상대방을 끌어들이기 위해 가끔 친절한 행동을 하기까지 한다.

4. 가스라이팅의 오남용 예시

첫째, 어떤 사람과 여러 번 깊은 대화를 했는데 대화의 주제가 항상 '나의 잘못' 그리고 이야기가 항상 부정적으로 흘러가 대화를 하고 난 후에 자책감이 들고, 뭔가 기분이 항상 안 좋고 처지게 된다면 가스라이팅이다. (O)

둘째, 사람들이 많은데서 얘기를 하다 나도 모르게 방귀를 꼈다. 사람도 많은데 친구가 웃으면서 놀렸다. 이것은 가스라이팅인가? 그렇지 않다. (X)

셋째, 맨날 밤을 새며 게임을 했더니 엄마가 잔소리를 하면서 널 위해 하는 말이라고 지적을 하셨다. 나를 위한다고 하지만 그 말을 듣고 내가 기분이 아주 안 좋고 침울해 졌다. 이것은 가스라이팅인가? 그렇지 않다. 이것은 부모님의 관심과 충고이다. (X)

넷째, 다른 사람 말은 듣지마. 엄마 말만 들어. 너 키우느라 엄마 인생은 다 망가졌어. 이것은 가스라이팅이다. 엄마에게 책임감을 느끼고 자책하게 만드는 대화이다. (O)

다섯째, 연인사이에서 말싸움으로 시작해 한 명의 일방적인 공격은 가스라이팅이 되고 그 결과 데이트 폭력이 될 수 있다. "너무 예민한거 같은데?", "내가 언제 그런 말을 했다고 그래? 너가 나한테 잘못한거는 사실이잖아." (O)

여러 사례와 같이 상대방과의 대화에서, 충고인지, 관심인지, 가스라이팅인지 애매할 수 있다. 상대방의 충고와 관심에 자신의 반성이 필요한 상황인지, 상대방이 의도했던 의도하지 않았던 나의 심리적 압박으로 인해 피해를 당하고 있는 상황인지 정확히 판단할 수 있어야 한다. 그 판단이 어려운 피해자들은 도움을 줄 수 있는 방안을 마련해야 한다.

▶ "가스라이팅 당했다"라고 표현되는 피해자들은 원인을 자신의 탓으로 돌리는 경우가 많다. 스스로의 자존감을 떨어트리는 대표적인 사례이다.
- 내가 엄마 말을 잘 들었다면 이렇게 혼나고 맞는 일이 없었을 거야
- 내가 너무 짧은 치마를 입어서 다른 사람들이 날 쳐다보니까 그게 기분나빠서 남자친구

가 날 때린거야
- 회사 회식자리에서 술을 먹지 말고, 일찍 집에 왔으면 남자친구가 화를 낼 일은 없었을텐데 내가 잘못한거야.

▶ "가스라이팅 했다"라고 표현하는 가해자의 행동은 화가 나서 한 번 말하는 것이 아니라 지속적으로 반복하여 피해자들이 스스로 자신이 잘못해서 피해를 당하는 것으로 인지하도록 만든다.
- 난 다른 사람이 너를 보고 나쁜 생각을 하는게 싫어. 내가 널 이렇게 아끼는데 옷차림이 이게 뭐야.
- 니가 미워서 화내는게 아니야. 니가 조금만 신경썼더라면 내가 이렇게 화낼 일이 없잖아.
- 나니까 너 이만큼 챙겨주는 거야. 다른데서 너 이런 대우 못 받는다.
- 니가 여기 아니면 이런 대우 받기 힘드니까 힘들어도 버텨야해.

▶ 가스라이팅(Gaslighting)에 대해 조별 토의를 진행해 보자. 조별활동을 통해 가스라이팅 극복 방법을 정리하여 작성한다.

학습평가

※ 다음을 읽고 알맞은 말을 아래 〈보기〉에서 찾아 (   ) 안에 넣으시오.

1. 자신을 존중하고 사랑하는 마음으로 자신의 능력과 한계에 대해 스스로가 가치 있는 존재임을 인식하는 것을 말한다. 시간이 지남에 따라 바뀌는 경향을 갖는 이것은 무엇인가?
(   )

2. 일반적인 외상은 시간이 지나면 서서히 사라지지만 정신적인 충격과 경험은 마음속에 깊이 남아 평생 합병증을 유발할 수 있다. 이러한 정신적 외상을 무엇이라고 하는가?
(   )

3. 무의식적인 관념이나 욕망, 또는 기억을 말하며, 성장기에는 주로 자신의 외적인 모습에서 열등감을 느끼면서 형성되고, 그 후에는 애정결핍이나 모욕적인 경험이 쌓이면서 강한 정서적 반응으로 나타난다. 감정기복이 심해지고 히스테리나 자기고립이라는 부작용을 갖는 심리적 현상을 무엇이라고 하는가?
(   )

4. 자신의 성과를 인정하지 못하고 "내가 시험을 잘 본 건 문제가 쉬웠기 때문이야" 자신의 능력이나 노력을 인정하지 않고 부정적인 결과에 도달하여 자신을 과소평가하는 것은 자존감을 떨어뜨리게 된다. 자신의 실수에 예민하게 반응하는 사람이 자존감을 높이고 긍정의 에너지를 받기 위해 필요한 것은 무엇인가?
(   )

5. 스스로를 의심하게 만드는 정서적 학대를 말한다. 자신의 정신상태와 판단체계를 흔들어 주제적인 행동을 하지 못하도록 조정하는 행위를 말한다. 타인에게 정신적인 조종을 당하는 이것은 무엇인가?
(   )

〈보기〉

①	가치관	②	자존감	③	겸손	④	성장환경	⑤	배려
⑥	가스라이팅	⑦	가치관	⑧	소통	⑨	경청	⑩	사랑
⑪	트라우마	⑫	콤플렉스	⑬	용서하기	⑭	격려하기	⑮	감사

Personality Development

낮은 자존감은 계속 브레이크를 밟으며 운전하는 것과 같다.
- 맥스웰 말츠 -

우리는 다른 삶과 같아지기 위해 삶의 3/4를 빼앗기고 있다.
- 쇼펜하우어 -

남들보다 더 잘하려고 고민하지 마라.
'지금의 나' 보다 잘하려고 애쓰는 게 더 중요하다.
- 윌리엄 포크너-

자기 자신을 싸구려 취급하는 사람은
타인에게도 역시 싸구려 취급을 받을 것이다.
- 윌리엄 해즐릿 -

제4장
겸손

Personality Development

학습 목표

❋ 일반 목표 ❋

겸손의 개념을 이해하고,
중요성에 대해 설명하고 토의할 수 있다.

❋ 세부 목표 ❋

1. 겸손의 개념을 설명할 수 있다.
2. 겸손의 중요성을 사례로 제시할 수 있다.
3. 겸손의 실천 방안을 마련할 수 있다.

주요 용어

#겸손의 의미   #실천방법   #겸손의 문화적 차이   #조별토의

제4장
요약 정리

1. 겸손은 자기 자신을 내세우지 않고 남을 존중하며 상대방을 인정하는 태도를 말한다.
2. 겸손과 상반된 의미인 건방진 태도나 행동으로 남을 업신여기고 반성함이 없고 쉽게 우쭐 거리는 거만한 태도의 상반된 의미로 받아들이면 쉽게 이해가 된다.
3. 자신의 의견을 주장하지 못하고, 무조건 나를 낮추는 자세는 겸손이 아니다. 속으로만 삼키는 행동과 무조건 참는 태도는 겸손이 아님을 잊지 말자.
4. 지나친 겸손은 나를 존중하지 않는 것으로 겸손이 미덕인 시대가 아니기에 무조건적인 겸손은 강요할 수 없다. 겸손과 자신감을 구분해야 한다.
5. 나의 가치는 오랜 시간 나를 보여줄 수 있는 시간적 여유를 가지고 증명할 수 있어야 한다. 그러나 짧은 시간에 나를 나타내야 하는 면접, 발표, 경쟁토론에서는 가능한 간결하게 나의 역량을 뽐내야 한다. 상황에 맞지 않는 지나친 겸손은 무능한 사람으로 보여질 수 있다.
6. 겸손은 당연한 것에 대한 감사라고도 할 수 있다. 항상 감사한 마음으로 선행을 실천하는 자세는 스스로를 겸허하게 받아들이는 방법이 된다. 예전의 선행은 알리지 않고 숨어서 해야 하는 시대였다면 현대의 선행은 타인에 대한 존중과 인간존중의 개념으로 선행을 자랑스럽게 여기는 문화로의 형성이 필요하다.
7. 선행은 자존감을 높일 수 있는 실천 행동 중 하나이다.

Personality Development

제1절 겸손의 이해

　겸손은 "남을 존중하고 자기를 내세우지 않는 태도"로 한자로는 공경할 겸(謙), 따를 손(遜)을 사용하여 공경하며 따르는 것을 말한다. 여러 다양한 상황이나 환경에서 자신의 행동범위를 낮추고 상대를 존경하되 자신의 명확한 관점을 갖는 것이라고 할 수 있다.
　자신의 부족함을 알고 자신보다 뛰어난 자들이 있음을 겸허하게 받아들이는 자세로 자존감을 가지고 자신의 위치를 어느 정도 자각하는 선에서 겸손해야 한다. 그러나 칭찬이 지나치면 아부가 되는 것처럼 겸손에도 완급 조절이 필요한데, 예를 들어 누가 봐도 평균 이상으로 잘하는 실력을 가지고 있음에도 자신을 너무 낮게 평가하며 그것을 '겸손'이라 한다면 상대적으로 실력이 떨어지는 상대방의 입장에서는 오히려 건방져 보일 수 있다.
　혹은 실제로 능력이나 실력이 부족하여 자신을 낮추는 행동을 겸손으로 잘못 받아들일 수도 있다. 우리는 누군가가 칭찬을 하거나 아주 큰 성과를 나타내도 "아니에요, 아직 많이 부족해요. 운이 좋았을 뿐이에요"라고 말하는 경우가 많다.
　혹은 누군가는 솔직하게 "네, 정말 잘했죠? 제가 이쪽으로는 재능이 많은 것 같아요"라고 말하기도 한다. 이럴 경우 누군가는 겸손을 보여도 비난을 받고, 누군가는 오만함을 보여도 인정을 받게 되는 아이러니한 상황이 생기기도 한다. 겸손은 자신을 무조건 낮추는 것이 아니라 상대의 의견을 받아들이고 자신의 주장을 펼치면서도 상대방을 존중하는 태도를 보이며 그것을 통해 무엇인가를 만들어 낼 준비를 하는 것을 진정한 겸손이라 할 수 있다.
　좀 더 쉬운 이해를 위해 반대말을 살펴보자. 겸손의 반대말로는 자만, 오만, 거만, 교만을 예로 들 수 있다. 우선 자만이라고 하는 것은 자신이 스스로 자기와 관련되어 있는 것을 자랑하며 뽐내는 것을 말한다. 오만 역시 태도나 행동이 건방지거나 거만한 태도, 즉 잘난 척 하며 남을 업신여기는 행동을 말한다. 따라서 겸손이라 함은 이러한 겸손과 반대되는 의미를 자제하고 개선하는 것이라고 보면 쉽게 이해가 될 것이다. 과거 우리나라는 겸손을 자기 자신뿐만 아니라 심지어 가족이나 가문 또는 자녀들까지도 낮추어 겸손을 표현하는 경우가 많았다. 그러나 이러한 과도한 겸양 문화는 차츰 사라져 가고 있는 추세이다.

제2절 겸손의 중요성

겸손의 중요성에 대해서는 아무리 강조해도 지나치지 않을 것이다. 나의 존재가 얼마나 작고 나약한지를 깨닫는 데는 그리 오랜 시간이 필요하지 않다. 자연 앞에서 작아지고, 신 앞에서 작아지는 마음을 느껴 본 적이 있을 것이다. 그러나 이러한 겸손이라 하더라도 직장생활에서는 조금 다르게 작용할 수 있다. 사람과 사람 사이에서 겸손은 일정 거리를 유지하고, 상대방을 인정하고 존중하지만 그렇다고 자신을 비굴하게 낮추지는 않기 때문이다.

1. 잘못된 겸손은 위선이다.

자신을 이해하지 못한 상태에서 무조건 나를 낮추는 것은 겸손이 아니라 위선이다. 겸손해야 한다는 생각에 나의 주장을 삼킨 적이 있거나, 내가 잘 아는 분야가 나와도 얌전히 있었다면 그것은 겸손이 아니라 소극적인 태도였다고 할 수 있다. 자신의 주장을 펼치면서도 충분히 겸손할 수 있기 때문이다. 겸손은 나를 숨기고 뒤로 보이지 않게 물러나 있는 것이 아니라 상대방의 의견을 인정하고 받아들이는 태도이며 그것을 통해 창의적인 무언가를 만들어 낼 수 있는 것이다. 따라서 성공한 사람들이 첫째로 뽑는 미덕이 겸손임을 강조하게 되는 것이다.

2. 겸손은 강요가 아니다.

겸손이 미덕인 시대는 지났다고 해도 과언이 아니다. 스스로 실체를 드러내지 않으면 존재조차 잊혀질 수 있는 시대가 되었기 때문이다. 지나친 겸손은 나를 존중하지 않은 것으로 보여 질 수 있기도 한다. 지나친 겸손은 오히려 예의에 어긋난다는 의미이기도

하기 때문이다. 겸손은 동양과 서양의 서로 다른 문화에서 상이하게 받아들여지는 경우가 있다. 서양에서는 오히려 당당한 사람을 명예롭게 보기도 하기 때문이다. 이렇듯 겸손은 강요가 되어서는 안 된다. 말이 앞서고 실체 없이 허풍이나 허세가 그 사람의 신뢰를 잃게 되듯이 하고 싶은 말을 세 번만 참고, 말보다는 솔선수범 하는 행동이 바로 겸손이 되는 것이다.

3. 잠깐 만날 사이라면 자랑하고, 오래 만날 사이라면 겸손하라.

오랜 시간을 가지고 나를 보여줄 수 있고, 나의 진정한 가치를 증명할 수 있다면 겸손의 자세로 관계를 이어가는 것도 바람직하다. 그러나 스쳐가듯 한 두 번의 만남에서 굳이 나를 낮출 이유는 없다. 물론 지나친 오만이나 허세는 첫인상을 좋지 않게 보일 수 있으나 지나친 겸손은 오히려 능력 없는 사람으로 보여 질 수도 있다.

4. 선행(기부)의 영향력

선행은 소명의식(calling)을 가지고 살아가는 사람들이 중요하게 여기는 요소 중 하나로 자신이 하는 일을 통해 다른 사람에게 도움을 주며, 선한 영향력을 미치는 '친사회적 의도'라고 할 수 있다. 이러한 선행의 여러 방법 중 하나인 기부(donation)는 자선 사업이나 공공사업을 돕기 위해 재물을 무상으로 내어주는 행위로, 대가 없이 대의를 위해 나의 것을 내놓는 것이라고 할 수 있다. 특히 우리나라에서는 앞에 나타내지 않는 익명의 기부, 익명의 봉사를 좀 더 의미있다고 생각한다. 그러나 실제 기부문화를 형성하고, 선행의 일반적인 환경을 조성하기 위해서는 스스로 자신을 칭찬하는 것도 필요하다. 자기자만과 교만, 허세와 허영이 아닌 나의 자존감을 만들고, 나의 쓰임과 필요성을 인식할 수 있는 선행은 반드시 필요하기 때문이다. 따라서 현시대에서의 겸손은 자신을 너무 낮추기 보다는, 자신감 있는 태도를 유지하면서 상대방의 의견을 존중해주는 마음으로 이해할 수 있다.

제3절 영화·책으로 보는 인성

겸손에 대한 간접체험으로는 책이나 영화를 통해 스토리를 이해하고, 주인공의 행동에 나타나는 겸손과 상황에 맞는 대화를 통해 공감하고 깨달을 수 있다. 인성의 덕목을 여러 상황에서 인물들의 적절한 태도와 행동으로 습득할 수 있다.

1. 도서 추천목록

No	추천도서 제목	추천 출처
1	품위있는 삶을 위한 철학(A Decent Life : Morality for the Rest of Us)	서울시교육청
2	죽음은 예술이 된다(문학과 영화에서 죽음을 사유하는 방식)	
3	있는것은 아름답다	
4	오늘을 산다는 것(김혜남의 그림편지)	
5	괜찮은 사람이 되고 싶어서	
6	나를 엿보다	
7	내가 사랑한 공간들	
8	내내 읽다가 늙었습니다 : 무리 짓지 않는 삶의 아름다움	
9	너의 화는 당연하다	
10	또, 괜찮지 않은 연애를 시작했습니다	
11	사람일까 상황일까	세종도서 온라인시스템
12	아들에게 보내는 인생 편지	
13	조용해도 민감해도 괜찮아	
14	나는 왜 친구와 있어도 불편할까?	
15	서툴지만 혼자 살아보겠습니다 : 발달장애인의 자립생활을 돕는 쉬운 살림책	
16	내 마음을 안아주는 명상 연습	
17	마음에도 공식이 있나요?	
18	인간의 모든 성격 : 나를 나이게 하는 것은 무엇인가	

19	자존감 높이려다 행복해지는 법을 잊은 당신에게	
20	자존감의 첫 번째 계단	
21	최고의 나를 만드는 공감 능력	
22	나를 찾는 46가지 질문	
23	반짝이는 일을 미루지 말아요(세계일주 그후, 나를 찾아가는 여정)	
24	진짜 멋진 할머니가 되어버렸지 뭐야	건국대 중앙도서관
25	지금, 행복하고 싶어(내일만 바라보다 오늘을 놓치는 나에게 건네는말)	
26	사색이 자본이다(멈추지 않는 성장을 위한 사색 프로젝트)	
27	딸에게 차려주는 식탁(어른이 되어서도 너를 지켜줄 가장 따뜻하고 든든한 기억)	
28	애착 수업(나를 돌보는게 서툰 어른을 위한)	
29	말의 품격(말과 사람과 품격에 대한 생각들)	덕성여대 독서인
30	나를 위로하는 글쓰기(몸과 마음을 치유하고 자기를 발견하는 글쓰기의 힘)	
31	여행과 독서(여행이란 인생을 용감하게 살아내는 일이다)	
32	신경끄기의 기술(인생에서 가장 중요한 것만 남기는 힘)	

2. 영화 추천목록

No	추천영화 제목	추천 출처
1	인생은 아름다워	
2	시간을 달리는 소녀	
3	인턴	
4	소울	
5	그렇게 아버지가 된다	대림대학교 교수학습센터
6	미나리	
7	굿윌헌팅	
8	그것만이 내세상	
9	제8요일	

10	꾸뻬시의 행복여행
11	빨강머리 앤
12	그린북
13	히든피겨스
14	브리짓존슨의 일기 : 열정과 애정
15	빌리엘리어트
16	바람을 길들인 풍차소년
17	혹성탈출 : 진화의시작
18	두근두근 내인생
19	컬러풀
20	울지마 톤즈
21	인사이드아웃
22	우아한 거짓말
23	더헌트
24	설국열차
25	글러브
26	무산일기

인성, 영화로배우다 (저자 추천)

3. 인성, 영화로 배우다

(자아인식)	(공감)	(자존감)

(인권존중)	(타문화 이해)	(소통)

(시민성)	(정의)	(감사)

(정직)	(나눔)	(소통)

4. 영화별로 본인이 생각하는 인성 덕목을 써보자.

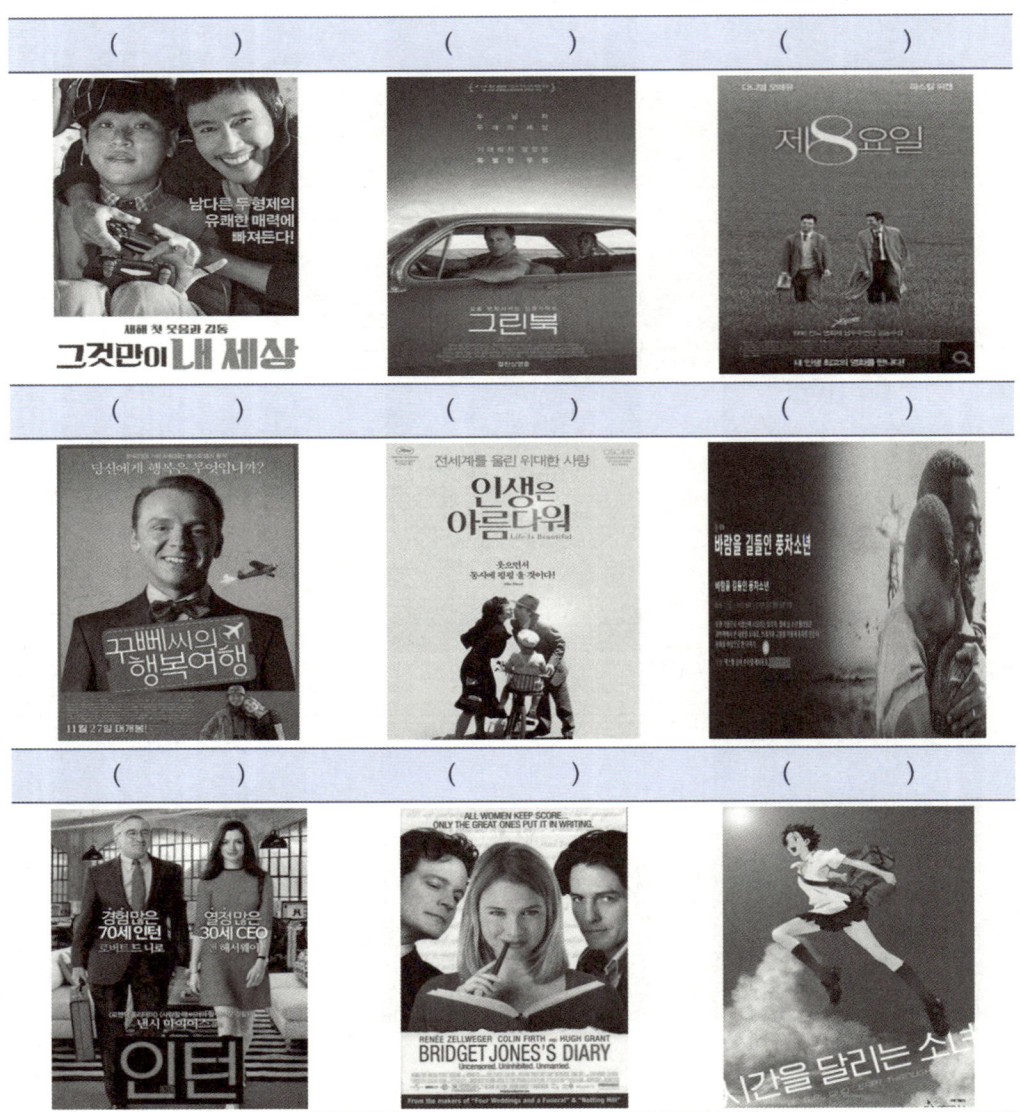

88 인성개발 실천노트 - 변화를 이끄는 사례와 키워드 -

활 동

▶ SWAG 챌린지
☞ 스스로의 자존감을 높이고 기부문화를 형성할 수 있는 SWAG 댓글 챌린지

▶ 내 입으로 말하기 쑥스럽지만 나 스스로에게 칭찬해 주고 싶은 일을 자랑해 봅시다.
☞ 내가 실천한 좋은 일(선행사례)

☞ 공익활동(기부) – 적은 금액이라도 꾸준히 실천하고 있는 것들 / 앞으로 기부하고 싶은 것 / 금전적이지 않지만, 내가 필요한 곳에 쓰임 받는 재능기부 등

☞ 나의 장점(난 나의 이런 장점을 칭찬한다.)

※ 다음을 읽고 알맞은 말을 아래 〈보기〉에서 찾아 (   ) 안에 넣으시오.

1. 남을 존중하고 자기를 내세우지 않는 태도로 다양한 상황이나 환경에서 상대를 인정하고 존경하되, 자신의 명확한 관점을 갖는 것을 무엇이라고 하는가?   (   )

2. 상대방을 업신여기고 건방진 태도와 행동을 하는 것, 자신에 대한 반성없이 쉽게 우쭐거리거나 잘난 척 하며 방자한 것을 무엇이라고 하는가?   (   )

3. 타인에게 도움을 주며 선한 영향력을 행사하고 이를 자랑스러워하며 스스로의 자존감을 높일 수 있는 실천행동을 무엇이라고 하는가?   (   )

4. 겸손은 문화적으로 약간의 차이가 있는데, 서양의 경우 (   )을/를 가진 사람을 명예롭게 대우한다면 동양에서는 하고 싶은 말을 참고, 말보다는 (   )(으)로 솔선수범 하는 것을 훌륭하게 여기고 있다.

5. 잠깐 만날 사이라면 (   )하고, 오래 만날 사이라면 겸손하라.

〈보기〉

①	가치관	②	자존감	③	겸손	④	위선	⑤	오만
⑥	허세	⑦	가치관	⑧	경청	⑨	행동	⑩	당당함
⑪	선행	⑫	자랑	⑬	기부	⑭	배려	⑮	감사

6. 다음 중 겸손에 대한 설명으로 맞지 않은 것을 고르시오. (   )
   ① 공경하고 따르는 것
   ② 상대방을 인정하고 높이는 욕심 없는 마음 상태
   ③ 나를 숨기고 뒤로 보이지 않게 물러나 얌전히 있는 태도
   ④ 당연하다고 생각하는 것에 대한 감사

7. 다음 중 선한 영향력으로 수행하는 공익활동에 대한 설명으로 맞지 않은 것을 고르시오.
   (   )
   ① 타인에게 도움을 주며, 선한 영향력의 기부문화를 형성할 수 있다.
   ② 대가없이 대의를 위해 나의 것을 내놓는 것을 말한다.
   ③ 친사회적인 의도로 소명의식에 대한 중요한 임무이다.
   ④ 자존감이 높은 사람만 실천할 수 있다.

8. 다음 중 공익활동으로 알맞지 않은 것은 무엇인가? (   )
   ① 자기개발   ② 재능기부
   ③ 봉사활동   ④ 금전적 기부

제5장
존중

Personality Development

학습 목표

※ 일반 목표 ※

존중의 의미를 인성의 덕목으로 이해하고,
중요성을 설명할 수 있다.

※ 세부 목표 ※

1. 존중의 개념을 설명할 수 있다.
2. 존중의 중요성을 발표할 수 있다.
3. 사례를 통해 자신 생각을 설명할 수 있다.

주요 용어

#존중　#존중의 중요성　#인성덕목　#영화를 통한 간접활동

제5장
요약 정리

1. 존중은 개인마다 다른 특징을 수용하는 태도로 상대방을 함부로 대하지 않고 그 존재 자체를 소중히 여기는 마음이라고 할 수 있다.
2. 존중이 중요한 이유는 차이의 '다름'을 인정하고 차이가 차별이 되어서는 안 되기 때문이다. 인간은 그 자체로 존중받아야 하며 경청, 칭찬, 관용을 통해 인간 존중을 실천해야 한다.
3. 다름을 인정하고 어울림으로 변환하는 것이 올바른 인성이며, 존엄성을 지키기 위해서는 인권의 가치를 제대로 알고 서로 간의 존중이 실천되어야 한다.
4. 인간의 존엄성을 침범하는 사례로는 돈을 최우선으로 생각하는 물질만능주의로 인해 인간을 돈으로 계산하는 잘못된 인식에서 시작된다. 집단 따돌림, 고문, 납치, 테러, 전쟁은 인권을 도구화시키고, 피부색이나 성별과 같은 고정관념과 편견은 인간 존엄성을 하락시킨다. 직장에서 노동자가 존중받지 못하고 기계부속품처럼 쓰여지는 것 또한 인간존엄성을 무시한 행동으로 볼 수 있다.
5. 인간 뿐 아니라 살아있는 모든 생명에 대한 존중도 함께 인식되어야 한다. 자신의 생명을 소중히 여기고, 더불어 동물권에 대해서도 함께하는 문화를 만들어가야 한다. 이는 법의 사각지대에 놓여 있는 약자들의 존재 가치와 존엄성을 갖게 하는 기회가 될 것이다.
6. 퍼스널 스페이스(Personal Space)란 일반적으로 손을 뻗었을 때 상대방에게 닿는 물리적 거리로, 사람이 안정을 찾기 위해 확보되어야 하는 최소한의 사회적 거리를 말한다.
7. 퍼스널스페이스는 존중할수록 가까워지는 공간으로 상대방을 위한 배려가 포함되어야 한다.
8. 그레이존은 상대를 이해하고 존중하기 위해 필요한 공간으로 규칙이나 규정에 의해서만 움직이는 로봇이 아닌, 인간이기에 상황을 이해하고, 탄력적이고 중립적으로 문제를 해결하는 노력을 포함한다.

Personality Development

제1절 존중의 이해

존중이란 개인의 독특한 특징을 수용하는 태도, 비소유적 돌봄, 조건 없는 긍정적 대우, 신뢰 등 다양한 용어로 표현할 수 있다. 존중은 표현하는 대상에 따라 그 의미를 구분하기도 하는데 첫째는 인간 존재를 그 자체만으로 가치 있고 소중하게 여기고 행동하는 것이고, 둘째는 개개인의 존재 방식을 수용하는 의미로 사람마다 개인의 입장에서 지각하고 해석하는 행동을 받아들이는 것이다. 셋째, 개인의 능력과 가치관에서 나타나는 감정과 행동을 긍정적이든 부정적이든 그 목적을 이해하기 위해 노력하는 것. 그리고 넷째, 개인의 여러 특징에 대한 배려라는 의미로 사용한다. 이는 개인이 가진 행동방식, 언어, 감정, 사고방식들을 그의 고유성으로 인정하고 노력하는 마음을 말한다.

결국 타인을 존중하는 것은 그의 존재를 소중히 여기는 마음이고 상대방이 생각하고 행동하는 방식의 자유, 즉 정치적·종교적 의견을 포함한 자유에 대한 존중이라고 볼 수 있다. 이는 상대를 함부로 대하지 않고 정중하게 대하는 것을 말한다.

상대방이 처해있는 상황을 이해하고, 그 상황에서의 행동과 태도에 대해 그의 입장을 헤아려 주는 것일 수 있다. 물론 그 표현의 정도가 사실 굉장히 주관적이고 상대적일 수 있고, 말로는 쉽지만 그 실천이 매우 어려울 것이다. 그러나 인성으로 나타날 수 있는 덕목 중 하나인 존중은 사람을 대하는 가장 귀하고 중한 일이기에 그 개념을 이해하도록 노력해야 한다.

제2절 존중의 중요성

1. 차이의 존중

존중의 유사어로는 믿고 의지하는 신념인 신뢰, 존경, 관용과도 비슷한 의미를 지닌다. 존중의 반대어로는 차별이라고 할 수 있는데, 각각의 등급이나 수준 등의 차이를 두어 구별하는 것, 합리적 이유 없이 종교, 장애, 나이, 신분, 학력, 성별, 외모, 성적지향, 인종, 신체조건, 국적, 나이, 출신지역, 이념 등의 이유로 특정한 사람을 우대하거나 불리하게 대우하여 평등권을 침해하는 행위를 말한다.

〈표 5-1〉 존중, 차이, 차별의 구분

존중	차이	차별
자기존중	차이의 존중	다름의 인정
경청	차이의 인정	어울림으로 변환
칭찬	배려가 필요	
관용		

- 차이가 차별이 되지 않으려면 다름에서 어울림으로 변환되어야 함.
- 차이를 인정하고 배려하는 것이 중요함.
- 상대에 대한 관심과 구체적인 행동을 포함한 반응을 차이라고 한다면 인간 그 자체를 사랑하고 그에 대해 관심을 갖는 것을 존중이라고 할 수 있음.

2. 인간 존중

인간 자체를 가치 있고 소중히 여기는 마음으로 직장생활에서는 근로자에 대한 존중을 포함하여 설명할 수 있다. 개인을 존중하는 것은 자유와 평등을 보장함으로 실현되는 데 이를 인권이라고 하며, 그 첫 번째가 인간 존중이다. 이러한 인권을 실현하기 위해 알아보자.

1) 인간 존엄성
- 인간이라는 이유만으로 존중받아야 하는 소중한 존재
- 성별, 종교, 피부색, 국적, 빈부격차, 사회적 지위, 신체적 조건에 관계없이 누구나 소중하고 존중받아야 한다는 보편적 가치임.
- 인간이 그 자체로 소중하며 수단이 아닌 목적으로 대우받아야 하는 존재
- 신분이나 이성(理性) 때문이 아니라 사람이기 때문에 존엄한 존재임을 인식

- 존엄성이라는 '공통된 지위'를 갖는 것
- 누구나 존엄한 자로서 공동체의 의사결정에 평등하게 참여할 수 있어야 함.
- 인간 존재 자체가 침범할 수 없는 가치를 품고 있다는 것을 인정하는 것
- 존엄을 지키기 위해 '인권'이 필요함.
- 어떤 상황에서라도 서로를 사람으로 대하겠다는 실천의 약속 필요
- 인간 스스로가 서로에게 부여하고 존중하기로 약속하는 것
- 서로의 인정과 실천을 통해 지켜지는 것임을 기억해야 함.

2) 인권
- 자유, 평등, 연대
- 계산기로 계산할 수 없는 가치
- 법적인 권리를 가질 수 없는 존재에 대한 가치
- 소속과 지위가 분명하지 않은 법의 문 밖에 있는 존재
- 어떤 자격 또는 능력을 갖춰야만 존엄할 수 있는가?
- 인간에게는 이성이 있다. 이성 때문에 인간은 다른 생물과 구분된다. 위대한 이성을 가진 인간은 옳고 그름을 판단할 수 있으며, 자율적이고 합리적인 사유와 행위의 주체이다.
- 세계인권선언(제2차 세계대전 이후 반성과 성찰속에서 만들어진 선언)
  - 제1조 : 모든 사람은 자유로운 존재로 태어났고, 똑같은 존엄과 권리를 가진다. 사람은 이성과 양심을 타고 났으므로 서로를 형제애의 정신으로 대해야 한다.
  - 제2조 : 모든 사람은 인종, 피부색, 성, 언어, 종교, 정치적 견해 또는 그 밖의 견해, 출신 민족 또는 사회적 신분, 재산의 많고 적음, 출생 또는 그 밖의 지위에 따른 그 어떤 구분도 없이, 이 선언에 나와 있는 모든 권리와 자유를 누릴 자격이 있다. 더 나아가 어떤 사람이 속한 곳이 독립국이든, 신탁통치령이든, 비자치령이든 그 밖의 어떤 주권상의 제약을 받는 지역이든 상관없이, 그 곳의 정치적 지위나 사법관할권상의 지위 혹은 국제적 지위를 근거로 사람을 구분해서는 절대로 안 된다.

3) 인간 존엄성을 침범하는 사례

- 물질만능주의
- 피부색이나 성별 등에 대한 고정관념이나 편견
- 집단 따돌림, 고문, 납치, 테러, 전쟁과 같은 정신적·물리적 폭력
- 노동자 참사(중대재해처벌법)
- 노동자가 존중받지 못하는 사회적 조건은 무엇인가?
- 소속에 대한 편가르기
- 비정규(파견) vs 정규

EBS [5분사탐] 인간 존중(EBSi)
https://www.youtube.com/watch?v=BIRop6No0IU

[윤리경영 UCC] 인간 존중 위반행위 발생시 행동요령(poscoancstory)
https://www.youtube.com/watch?v=swdUvwXqWVo

3. 생명 존중

인간뿐 아니라 살아있는 모든 생명을 존중해야 한다는 생명존중 의식은 내 주변을 돌아보고 살아 움직이는 것들에 대해 소중히 생각하는 건강한 정신을 갖게 한다.
이러한 생명윤리의식의 함양은 우리 모두가 함께 관심을 가지고, 주의하고 살펴봄으로써 생명존중 문화를 조성해야 한다.

1) 생명 존중 인식

통계청(2021)의 자료에 의하면 우리나라는 안타깝게도 자살 사망자 수가 꾸준히 증가하고 있다. 스스로 목숨을 끊는 황망한 죽음은 비단 개인만의 문제는 아닐 것이다.
모든 자살이 자신의 삶을 존중하지 않거나, 만족도가 낮기 때문에 발생한다고 보기는 어렵지만 대체로 삶의 만족도가 낮으면 자신의 생명존중에 대한 인식도 낮아지기 때문

에, 자살률과 관계가 있을 수 있다. 한국은 다른 나라에 비해 자살률이 월등히 높은 것이 사실이다. OECD 평균보다 두 배 정도 높다. 그중 남자가 여자보다 두 배 이상 높고 나이가 들수록, 특히 70대 이상에서 높다.

> **자살위험 신호**
> ① 요즘 불안해. 잠도 잘 안 오고
> ② 정말 힘들다. 어떻게 해야 할지 모르겠어.
> ③ 나는 아무짝에도 쓸모가 없어.

주변 친구나 동료 혹은 가족에게서 자살 신호를 느낀적이 있는지 생각해 보자. 이러한 생각이나 표현들은 자살에 앞서 보내는 신호의 단적인 예가 될 수 있다.

청소년 자살의 위험 신호는 여러 형태로 사전에 드러나는 데, 첫째는 언어적 단서가 있다. 죽고 싶다는 직접적인 표현과 절망감과 죄책감의 표현인 "내가 없는 게 더 나을 거야"와 같은 표현이 그 신호가 된다.

둘째는 감정적인 단서로 감정의 기복이 크게 나타나고 눈물이나 갑작스러운 분노, 불안한 표정 등이 동반된다.

셋째는 상황적 단서로 가족이나 친구와의 사별, 신체적 장애와 말기 질환, 심한 통증, 그리고 사회, 경제적 자원을 상실함으로써 발생한다.

넷째는 행동적 단서로 자살을 준비하는 행동과 자해 흔적, 혼자 있으려는 행동, 위생 상태의 변화 등을 볼 수 있다.

생명은 돈으로 살수도 없고 그렇다고 내가 스스로 버려서도 안 되는 것이다. 다양한 형태의 생명존중 교육을 통해 자살을 예방하고 국가적인 차원에서의 인식개선 사업과 생명존중 문화조성을 위한 법률도 검토할 필요가 있다.

[용툰과 교육영상] 생명 존중 교육 – 소중한 나(용툰과 교육영상)
https://www.youtube.com/watch?v=7d_GFUU54kY

생명존중교육(생명 존중 및 자살 예방 게이트키퍼 교육)(은주쌤의위클래스)
https://www.youtube.com/watch?v=zgDO4u9X7yU

한국생명존중희망재단의 생명을 구하는 데이터(대통령직속 4차산업혁명위원회)
https://www.youtube.com/watch?v=jCXEjSipiPI

자살예방사업   자살 = 살자

2) 동물권

동물권은 생명을 가진 모든 것에 대한 존중으로, 인권을 확장한 개념이다. 동물 역시 인권에 비견되는 생명권을 지니며 고통을 피하고 학대 당하지 않을 권리가 있다.

동물권(animal rights)을 잘못 이해하면 동물을 인간 위에 우선한다고 생각할 수 있으나, 이는 개인이 소유하는 물건이 아닌 생명으로 인식을 하자는 의미이다. 동물권을 극단적으로 비유하여 아래와 같은 주장이 있을 수 있다.

"동물이 고통을 느끼지 않게 도축해야 한다면 아예 잡아먹지 말아야지"
"고기를 먹지 않겠다고? 수백만 년 이어져 온 인간의 본성을 거스르는 건 모순이지"
"개고기를 먹지 말라고? 내가 먹겠다는데, 그건 내 마음이지, 왜 인간의 자유와 선택권을 제한하는 거냐"
"주변에 불우한 이웃이 얼마나 많아? 동물에 들일 비용이 있으면 사람부터 살려야지"
"모피를 입지 말라고? 지금 네가 들고 있는 소가죽 가방은?"
"동물 실험을 금지하자고? 거기서 개발된 약으로 죽어가는 사람을 치료하는데도?"

반론을 듣자면 끝이 없다. 동물권에 관해서 인류는 모순덩어리인 듯 보인다. 다큐멘터리 '동물, 원'은 청주동물원 사람들과 그곳의 동물들의 이야기를 다룬 이야기다. 이곳의 수의사와 사육사들은 자신이 맡은 동물을 진심으로 사랑한다. 그러나 사랑할수록 딜레마를 느낀다. 조그만 우리에 가둬 놓고 먹지도 않는 음식을 집어 던져서 먹게 하고 탈나게 하고 동물들 입장에서 보면 동물원은 필요 없다고 한다. 우리안을 빙글빙글 도는 곰은 스트레스로 인해 같은 곳을 계속 돌고 있고, 같은 우리를 맴도는 표범 역시 정신병을 얻어 그와 같은 행동을 보인다고 한다. 다큐멘터리에서는 동물원 사람들은 최대한 동물원에서 태어난 생명체들에게 환경을 적응하게 하도록 최선을 다한다. 그러나 그동안 당연하게 동물원에서 동물들을 구경하고 돌고래 쇼를 관람했던 것이 더 이상 당연하게 느껴지지 않게 된다.

동물권은 결과적으로 동물만을 위한 것이 아니다. 약자를 위한 진보라고 할 수 있다. 최소한 동물을 잔인하게 죽이면 안 되는 생명의 존엄성을 인식하자는 것이다.

연쇄살인범의 회고록에서 보면, 살인을 저지르기 전 힘 없고 약한 동물을 잡아 먼저 죽이는 연습을 한다고 한다. 특히 새끼고양이나 새끼강아지처럼 동물 중에서도 가장 약한 존재를 선택한다. 설사 죽이지 않더라도 잔인하게 학대를 한다거나 가혹행위를 통해 힘없이 자신에게 복종하는 모습을 보며 희열을 느끼고 쾌감을 갖는 심리가 증폭되면 성격 장애나 반사회적 인격 장애를 불러올 수 있다. 타인의 고통을 전혀 공감하지 못하고, 가혹행위에도 양심의 가책을 느끼지 못하는 것은 사이코패스들의 전형적인 특성이며 점점 그 범위가 확대되어 결국 인간을 대상으로 범행을 하는 사회문제로 야기 된다[1]. 물론 동물을 학대한다고 해서 모두 사이코패스나 범죄자가 되는 것은 아니지만 잔혹한 동물 학대 수법이 인성에 미치는 영향은 치명적이라고 할 수 있다.

동물도 행복할 권리가 있다. 세계동물권 선언 40년(스브스뉴스)
https://www.youtube.com/watch?v=oJhx3ox3z8A

"동물도 권리 있다"... '동물권' 논의 활발(YTN news)
https://www.youtube.com/watch?v=Gclw_ngI1_k

---
[1] 경기대 범죄심리학과 이수정 교수 인터뷰 인용(2022. 02. 시사저널 1687호).

 동물권 단체 '케어'...이번엔 성추행 2차 가해 논란동물권 단체(MBCNEWS)
https://www.youtube.com/watch?v=rjpZhpfTMDg

제3절 존중 사례

1. 퍼스널 스페이스

　퍼스널 스페이스(Personal Space)는 일반적으로 사회적 거리라고도 불리는 데, 손을 뻗었을 때 상대방에게 닿는 거리를 말한다. 사람이 안정을 찾기 위해 확보되어야 하는 거리이자 요즘 시대에 개인의 사적인 영역을 존중하는 최소한의 거리를 의미한다. 이러한 물리적인 영역을 의미하는 뜻도 있지만 우리는 마음의 거리를 포함한 상대방과의 정신적인 거리를 이해하고자 한다.

1) 존중할수록 가까워지는 공간

　물리적인 거리는 그 정의가 분명하여 지키기에 큰 어려움이 없다. 그러나 사람과의 관계에서 마음의 거리는 생각보다 다가가는데 여러 노력이 필요하다. 상대와 친밀해지기 위해서는 서두르거나 초조해 하지 말고 등산이나 마라톤을 하듯 한걸음씩 다가가는 것이 중요하다. 대부분 속도의 차이라고도 말하는 데, 내 마음이 급하다고 해서 상대의 영역에 불쑥 침입한다거나 상대방이 필요로 하는 거리를 잘못 파악하여 선을 넘는 경우가 있기 때문이다. 상대를 존중하는 마음으로 기다려 주고, 의견과 생각을 항상 존중하여 마음의 거리를 좁혀가는 것이 중요하다.

2) 무의식적으로 '자기 것' 이라고 생각하는 일정한 공간

　원시시대부터 인간의 DNA에 잠재되어 있는 일정한 점유 공간으로 갑작스러운 위험을 감지하고 대응하는데 필요한 최소한의 구역이다. 낯선 사람이 다가오면 불편함을 느끼는 물리적인 거리, 쾌적함을 느끼는데 필요한 최소한의 점유 공간을 말한다. 존중으로 가까워지는 마음의 거리와는 또 다른 물리적인 거리로 갑자기 상대에게 물리적으로 다가갈 경우 상대방의 퍼스널 스페이스를 침범하여 불편함을 유발할 수 있다.

예를 들어 영화관의 손잡이와 같이 모르는 사람과 팔걸이에서 부딪힌다면 서로가 어색할 수 있고, 친해지기 위해 갑자기 스킨십을 하는 것은 상대를 배려하지 못한 상황일 수 있으니 주의해야 한다.

3) 상대방을 위한 말과 행동이라는 불편함 유발

상대의 의견이 반영되지 않은 채 자신의 기준에서 본인의 생각만으로 상대방을 위한 것이라는 이유로 폭력을 행사하지 않아야 한다. 말로 하는 공격이 오히려 오랫동안 치유가 어려울 수 있다. 호의나 친근감을 표현하기 위해 다가갔는 데, 오히려 상대의 개인 공간인 퍼스널 스페이스를 침범해 버린다면 의도한 바와 달리 분위기 파악 못하는 사람, 눈치가 없는 사람으로 부정적인 결과를 발생시킬 수 있다. 나의 개인공간이 중요한 만큼 상대방의 공간을 존중하고 나의 마음만큼 상대의 마음도 존중해주도록 하자.

2. 그레이존

그레이존(Gray Zone)이란 원래는 전략무기인지 전술무기인지 판단하기 힘든 무기를 지칭하던 '회색무기(gray zone weapon)'에서 유래된 말로 정치적으로는 초강대국의 세력권에 속해 있는지 알 수 없는 지역을 의미하는 불분명한 영역의 중간지대라고 한다(pmg지식엔진연구소, 시사상식사전, 박문각). 기업에서는 추진할 신규사업이 기존 법에 규정되어 있지 않아 규제 적용 여부가 불투명한 상태를 의미하는 경제용어로도 사용되는데, 최근에는 좀 더 광범위한 뜻으로 협업 과정에서 발생하는 업무분장이 애매한 영역까지도 지칭하고 있다.

이 책에서는 존중과 관련하여 흑과 백의 논리처럼 명확하게 좋고 싫음을 말하고, 어떠한 상황적 수용이나 포용 없이 백(찬성) 아니면 흑(반대)으로 규정에 의해서만 움직이는 로봇이 아닌, 인간이기에 탄력적인 상황과 관계를 섭렵하는 영역으로 정의하고자 한다.

한쪽에 치우치지 않아 중립의 의미를 가지고 모두를 이해하는 것이다.

우리가 흔히 말하는 이 정도 선까지는 내가 괜찮다고 허락하는 '화이트존'과, 절대 이 이상은 침범하지 말라는 나만의 영역인 '블랙존'의 사이에서 '그레이존'이라는 적당한 선을 지키면서도 상대를 이해하고 존중할 수 있도록 그 범위를 크고 넓게 확장해 볼 필요가 있다.

'화이트존'으로 너무 치우칠 경우 무례한 사람들이 쉽게 부탁을 해 올 수도 있고, 그렇다고 사람과의 거리를 너무 두는 '블랙존'의 경우 인간관계를 그르치게 될 수도 있기 때문이다. 인간관계가 능숙한 사람은 '그레이존'을 잘 활용한다. 나는 '그레이존'을 활용할 것인가 없애버릴 것인가, 고민하게 되는 부분이다.

활 동

 나, 다니엘 블레이크(자취방남자movie comment)
https://www.youtube.com/watch?v=BIRop6No0IU

☞ 영화를 보고 자신의 의견을 간단히 적어보자.

① 인간 존중 '존엄성'으로 본 문제점과 느낀 점

② 사회복지 차원에서의 문제점과 느낀 점

제5장 존중 105

③ 상어와 코코넛 중 사람을 더 많이 죽이는 것은 무엇인가? 나의 생각을 적고 그 이유를 써 보자.

④ 나, 다니엘브레이크의 영화에서 보는 '그레이존'의 의미는 무엇인가?

☞ **스트레스를 해소하는 나만의 방법**

  운동, 독서, 음악 듣기, 친구 만나기, 맛있는 음식 먹기, 잠자기, 산책 등의 방법 중 본인이 하고 있는 것을 구체적으로 적어보자.

예) 운동하기(스트레스가 쌓이거나 기분이 안 좋을 때 주로 친구들과 팀을 만들어 배드민턴 시합을 한다. 중학교 시절부터 꾸준히 하던 운동이라 센터에 멤버들이 있어서 저녁내기를 하면서 집중한다. 땀을 흘리고 나면 그 집중 시간동안 잡념이 사라지고 힘들게 했던 일에 대해 다른 시점으로 생각할 수 있게 된다).

학습평가

※ 다음을 읽고 알맞은 말을 아래 〈보기〉에서 찾아 (   ) 안에 넣으시오.

1. 개인의 독특한 특징을 수용하는 태도, 조건 없는 긍정적 대우, 신뢰 등 표현하는 대상에 따라 그 의미를 구분할 수 있다. 상대방을 함부로 대하지 않고 그 존재 자체를 소중히 여기는 마음을 무엇이라고 하는가? (   )

2. 인간이라는 이유만으로 존중받아야 하는 소중한 존재로 인식하고 인간 스스로가 서로에게 부여하여 존중하기로 약속하는 것을 말한다. 성별, 종교, 피부색, 국적, 빈부격차, 사회적 지위, 신체적 조건에 관계없이 누구나 소중하고 존중 받아야 하는 보편적인 가치로 인식하는 것을 무엇이라고 하는가? (   )

3. 차이가 차별이 되지 않도록 하기 위해서는 서로의 차이를 인정하고 배려하는 이것으로 변화되어야 한다. 이것은 무엇인가? (   )

4. 일반적으로 사람이 손을 뻗었을 때 상대방에게 닿는 거리를 말한다. 사람이 안정을 찾기 위해 최소한 확보되어야 하는 물리적 거리이자 요즘 시대에 개인의 사적인 영역을 존중하는 거리를 무엇이라고 하는가? (   )

5. 흑과 백의 논리처럼 명확하게 좋고 싫음, 어느 편을 표현하는 대신, 탄력적인 관계를 유지하는 중간지대를 의미한다. 한쪽에 치우치지 않아 중립의 의미를 가질 수도 있지만, 협업을 할 경우 문제 상황을 만들기 전에 이 영역을 인지하고 규정해야 한다. 이것은 무엇인가? (   )

〈보기〉

①	존경	②	존중	③	차이	④	차별	⑤	편견
⑥	인권	⑦	동물권	⑧	퍼스널스페이스	⑨	그레이존	⑩	어울림
⑪	스트레스	⑫	생명권	⑬	존엄성	⑭	배려	⑮	감사

6. 다음 중 인간 존엄성을 침범하는 사례가 아닌 것을 고르시오.　　　(　　　)
　① 물질 만능주의
　② 집단 따돌림
　③ 노동자 참사
　④ 비정규직의 계약만료

7. 당연했던 것을 당연하지 않다고 느끼는데서 출발하여 약자를 위한 진보로 소수인종, 여성, 아동, 동성애자, 동물을 위한 진보로 취향의 문제가 아닌 권리의 문제로 접근하는 것은 무엇인가?　　　(　　　)
　① 인권　　　　　　　　　② 생명권
　③ 동물권　　　　　　　　④ 존중권

8. 다음 중 자살위험 신호는 무엇인가?　　　(　　　)
　① 다 너를 위해서 하는 말이다.
　② 나 요즘 힘들어, 밤에 잠을 잘 못자고 불안해
　③ 너 팔자 편한 소리 한다.
　④ 이거 비밀인데 너만 알고 있어.

Personality Development

나는 꿈을 가지고 있습니다! I have a Dream!

by Martin Luther King, Jr.(August 28, 1963)

나는 지금 꿈을 가지고 있습니다. 어느 날, 조지아에서 미시시피와 앨라배마에 이르기까지 옛날 노예의 아들들이 옛날 노예주인의 아들들과 함께 형제처럼 살게 되는 꿈입니다. 나는 지금 꿈을 가지고 있습니다. 어느 날 백인 어린이가 흑인 어린이와 형제와 자매처럼 손을 잡게 되는 꿈입니다. 나는 지금 꿈을 가지고 있습니다. 어느 날 단순히 자유를 얻기 위해서 집이나 교회에 불을 지르는 일이 없게 되는 꿈입니다.

나는 지금 꿈을 가지고 있습니다. 이마티오가 당해야 했던, 매그루더가 당해야 했던 잔학행위가 없어지고, 모든 사람이 품위 있게 살 수 있는 날이 오는 꿈입니다. 나는 지금 꿈을 가지고 있습니다. 어느 날 내 네 아이가, 내가 겪어야 했던 젊은 시련과 같은 것을 겪지 않고 또 그들이 피부색깔 대신 인격을 기준으로 평가를 하고 평가를 받게 되는 꿈입니다.

나는 지금 꿈을 가지고 있습니다. 어느 날, 워싱턴시의 흑인들이 돈만 있으면 어느 곳에서든지 집을 사거나 세를 들고 집을 가질 수 있게 되는 꿈입니다.

그렇습니다. 나는 지금 꿈을 가지고 있습니다. 어느 날 이 땅에서 아모스의 예언이 실현되고 정의가 강물처럼 흘러내리며, 진리가 거대한 분류처럼 흐르게 되는 꿈입니다.

나는 지금 꿈을 가지고 있습니다. 어느 날 **모든 사람은 평등하게 태어났고, 창조주로부터 생명, 자유, 행복추구 등 양도할 수 없는 권리를 받았다**는 제퍼슨의 말을 인정하게 되는 꿈입니다.

나는 지금 꿈을 가지고 있습니다. 어느 날 모든 산골짜기가 솟아오르고 모든 언덕과 산이 주저앉으며 거친 곳이 평평해지고 굽어진 곳이 곧게 펴지며 주의 영광이 나타나 모든 인간이 함께 그것을 볼 수 있는 날이 오는 꿈입니다.

나는 지금 꿈을 가지고 있습니다. 인간이 모두 형제가 되는 꿈입니다. 나는 이런 신념을 가지고 나서서 절망의 산에다 희망의 터널을 뚫겠습니다. 나는 이런 신념을 가지고 여러분과 함께 나서서 어둠의 어제를 광명의 내일로 바꾸겠습니다.

출처 : 미국 국무부(2004)
http://infopedia.usembassy.or.kr/

제 6 장
배려

Personality Development

학습 목표

✳ 일반 목표 ✳

인성의 덕목으로의 배려를 설명하고
사례를 들어 진정한 배려의 의미를 파악할 수 있다.

✳ 세부 목표 ✳

1. 배려의 의미를 설명할 수 있다.
2. 배려의 중요성에 대해 설명할 수 있다.
3. 배려의 사례를 제시할 수 있다.
4. 인성의 덕목을 나눌 수 있다.

주요 용어

#인성덕목   #배려   #사례발표   #나, 너, 우리

제6장
요약 정리

1. 배려는 나의 입장이 아닌 상대방의 입장에서 도와주거나 보살펴 주려고 애쓰는 마음을 말한다.
2. 상대의 입장에서 '역지사지'의 마음으로 행동하고, 평가나 반응은 상대가 아닌 내 마음에 주체가 있어야 한다.
3. 상대에게 받으려는 대가나 조건 없이 내가 먼저 도와주는 것으로 마음을 움직이는 힘이 된다.
4. 배려심이 생기게 되는 이유는 상대의 입장에 진심으로 공감했을 때, 자발적인 행동으로 옮겨지게 된다.
5. 멋있는 배려란 상대의 반응을 기대하지 않고 나의 마음에만 집중하여 타인을 위한 배려를 통해 스스로의 행복감을 느끼면 된다. 자존감을 향상시키는 방법이 된다.
6. 나의 배려가 진짜 상대를 위한 것이었는지, 혹은 내 마음만 편하게 하는 상대에게는 짜증나는 배려인지를 살펴보아야 한다.
7. 상대의 말을 주의 깊게 듣고 기억해 주는 배려가 필요하다.

제1절 배려의 의미

배려는 마음을 움직이는 힘이라고 하는 데, 상대방의 입장에서 상대의 마음을 살피고 도와주거나 보살펴주려고 하는 마음을 말한다. 상대방에게 대우를 받고 싶다면, 그만큼 내가 먼저 그를 배려해 줘야 하는 것이기 때문에 나를 위해 필요한 것일 수도 있다. 인간뿐 아니라 사물·환경과의 상호작용이며 사람과 사람을 이어주는 보이지 않는 끈이라고 할 수 있다. 그러나 무조건적으로 상대방을 위한 것이라고 판단하는 배려는 잘못된 배려일 수 있다. 상대방의 마음을 살펴본 후에 상대방이 가장 기뻐하고 행복해 하는 방법으로 해야 한다. 내 마음과 내 입장에서 내 생각대로 행동하는 것은 나의 '일방통행'적인 것으로 나의 마음이 아닌 상대방이 원하는 방법인지 그 방법에 서로 간의 차이는 없는지 반드시 생각해 보아야 한다. 이러한 상호작용이 선행되지 않는 배려는 상대의 입장을 무시하는 '폭력'이자 '자기과시' 밖에 되지 않는다.

상대의 입장에서 그의 마음을 살핌으로 일방통행이 아닌 그에 맞는 그가 원하는 행동으로 이어가는 것이 진정한 배려라 할 수 있다.

제2절 배려의 중요성

1. 배려심은 왜 생기게 되는가

배려가 왜 중요한지를 살펴보려면 배려가 생기는 이유를 먼저 알아 볼 필요가 있다. 배려라는 것은 상대방을 공감하고 역지사지의 입장으로 나의 행동이 상대에게 닿는 것을 말한다. "내가 그 입장이라면"에서 시작되는 것이다. 이는 존중에서 시작되어 나의 진심이 상대에게 닿을 때 마음을 움직이게 하는 마음, 그것이 진정한 배려라고 할 수 있다.

영국의 엘리자베스 여왕이 중국 관리들을 만찬에 초대한 일이 있었다. 이때 손님들이

손을 닦는 핑거볼(finger bowl)을 식수인 줄 알고 마시는 일이 생겼다. 서양식 식사법에 익숙하지 않는 탓이었다. 그때 여왕은 손님들이 당황하지 않도록 자신도 핑거볼의 물을 마셨다는 일화가 있다. 이 이야기는 지금도 상대방에 대한 배려를 상징하는 유명한 일화가 되고 있다.

사람은 언제 어디에서 어떠한 상황에 처하게 될지 모른다. 내가 그 상황일 때 누군가 나를 한번이라도 도와준다면 얼마나 고마울까? 이러한 배려심은 공감과 역지사지에서 시작된다고 할 수 있다.

개인뿐만 아니라 기업의 입장에도 조직구성원들이 자신의 역량을 최대한 발휘하게 만드는 첫걸음이 배려라고 말한다. 다른 사람들과 관계를 맺는데 필수적인 덕목이 배려이기 때문이다. 따라서 가정과 학교에서는 늘 배려심을 교육하고 가르친다. 그러나 진정한 배려를 행하는 데는 많은 노력이 필요하다. 타인에게 먼저 솔선수범 하는 것이 나에게로 돌아오는 배려가 될 것이다.

버스나 지하철과 같은 대중교통을 이용할 때, 에티켓이나 매너를 지켜달라는 문구를 많이 보았을 것이다. "발로 의자를 차지 마세요", "통화는 조용히 용건만 간단히 해 주세요", "큰소리로 떠들지 말아주세요", "껌을 크게 씹지 말아주세요" 등의 많은 것들이 있다. 지금은 사라졌지만, 종종 버스에서 담배를 핀다거나, 침을 뱉는 다거나 폭력을 휘두르는 사람도 있다. 물론 만취하거나 정신적 질환을 겪는 사람일 수도 있으나 일반인의 입장에서는 피해가 크다. 혹시 나도 모르게 큰 소리로 통화를 하고 있지는 않은지, 무례한 언어를 사용하고 있지는 않은지 주위를 둘러보는 것도 상대방을 위한 그리고 나를 위한 배려가 될 것이다.

2. 멋있는 배려를 위한 마인드

멋있는 배려란 무엇일까? 배려라는 이름의 많은 행동과 사례가 있지만, 진짜 멋진 배려를 위해서는 우리는 어떤 마인드를 가지고 있어야 할까? 나의 배려가 진심으로 이타적인 마음이었는지, 혹은 눈치를 본 것은 아닌지 생각해 볼 필요가 있다. 누군가에게 물을 떠다주는 것, 휴지가 필요한 사람에게 휴지를 주는 것, 위로가 필요한 사람에게 찾아가는 것 등이 그저 내가 괜찮은 사람이라는 자기만족 혹은 누군가의 인정을 바라고 하는 행동이었다면 이것은 그저 사람들의 눈치를 보는 것에 불과한 것이다.

내가 이렇게 하면 좋아하겠지? 엄청 반응이 좋겠지? 얼마나 신날까? 이렇게 타인이 나를 어떻게 생각하느냐가 중요한 기준이라면, 상대를 위해 혹은 타인을 위해 배려를 하고 나서, 자신이 기대한 만큼의 반응이 없다면 서운하고 섭섭해 한다. "이게 뭐야~ 지금 당연하게 생각하는 건가? 고마워하는 말이 없네?" 그러고는 다음부터는 아예 배려를 하지 않아야겠다고 생각하는 경우도 있다. 이것은 배려가 아닌 눈치 보기, 자기만족이라는 자만심일 뿐이다. 물론 타인의 시선을 신경 쓰고 사는 것도 배려의 일종이다. 하지만 타인의 평가로 인해 필요 없는 행동을 하고, 해도 되는 행동을 억지로 누르는 것은 눈치 보기이다. 진짜 배려, 멋진 배려는 그냥 배려할 때의 내 마음, 자신의 생각과 기분에 집중 하는 것이다. 내 마음이 편하다면, 내가 참 뿌듯하고 마음이 따뜻해졌다면 그 자체로의 기분을 만끽하면 된다. 상대의 고마워하는 반응보다 내가 그 행동으로 인해 얻고, 배우게 되는 것들에 만족하면 되는 것이다. 상대보다 내가 더 기분이 좋아지는 것이 진짜 배려이기 때문이다. 이러한 마인드는 무거운 짐을 들어줬을 때, 길을 알려줬을 때, 버스에서 자리를 양보했을 때, 나의 마음이 어떠한지를 생각해 보면 알 수 있다. 내가 양보한 자리를 당연한 듯이 차지하더라도 나는 나의 역할에, 나의 기분에, 나의 행동에 뿌듯하다면 그것으로 된 것이다. 물론 표현해 준다면 그 상대방도 상당히 멋진 분이지만, 성격 차이든 상황 차이든 어떠한 이유에서든 표현은 하지 못했지만 마음으로는 고맙게 생각할 수 있고, 혹은 그렇지 않다고 해도 그것은 그의 마음의 그릇이 그 정도인 것이지 나와는 상관이 없다. 내가 더 큰 사람이고 내가 더 차원 높게 성장한 사람이라고 생각해 버리면 된다.

멋있는 배려를 위한 마인드

※ 상대방의 반응을 **기대**하지 마라.

※ 배려할 때 나의 **마음**에만 집중해라.

3. 짜증나는 배려

상대방의 생각이나 마음을 고려하지 않은 자기만족으로의 배려는 짜증을 유발시키기도 한다. 상대에게 한 번이라도 물어봤다면 정말 좋았을 여러 가지의 배려를 자신의 판단으로 "이렇게 하면 좋아하겠지?" 라는 혼자만의 생각으로 행동으로 옮기는 것은 참으로 안타까운 일이다. 힘만 들고 돈만 쓰고 시간만 낭비되는 상황일 수 있다. 배려를 하고도 기분이 나빠진다면 자신의 배려를 다시 한번 고민해 봐야 한다.

사람마다 서로의 가치관이나 생각의 기준이 다른데 같은 잣대로 배려를 행해서는 안 되기 때문이다. 예전 동화책에서 보면 사자가 사슴에게 본인이 제일 좋아하는 고기만 주는 것과 같은 이치이다. 초식동물인 사슴에 대해 전혀 모르기에 벌어질 수 있는 상황이다. 여우와 두루미 이야기에서도 친한 친구인 두루미를 초대해서 자기가 늘 먹던 평평한 그릇에 음식을 담아주어 두루미는 전혀 음식을 못 먹었던 것과 두루미 역시 여우를 초대해서 자신의 부리가 들어가는 기다란 그릇에 음식을 담아주어 이번에는 여우가 음식을 전혀 먹지 못하는 상황으로 보면 알 수 있다. 상대를 괴롭히거나 일부러 하는 것이 아닌 오히려 가장 친한 친구, 사랑하는 사람이기에 자신이 아끼는 것을 주었지만 상대는 전혀 고맙지도 감사하지도 않게 되는 것이다. 사람의 경우였다면 오히려 나를 무시하고 일부러 이러는 건가라는 생각을 할 수도 있게 된다. 배려라는 허울을 가지고 상대를 괴롭히는 것은 아닌지 한 번 더 고려해 봐야 한다. 배려와 존중이 따로 행하는 것이 아닌 함께 이루어져야 하는 것을 알 수 있다.

4. 무의식에 새겨 넣는 배려 방법

1) 눈높이 기술

상대방과 눈높이를 맞추는 것이 배려의 출발이라고 한다. 연예인들이 종종 키가 작은 스태프를 배려하여 '매너다리'라고 하는 '쩍벌'이 유행인 적이 있었다. 키가 작은 사람이 키가 큰 사람의 눈높이를 맞추기는 매우 어렵지만, 그 반대는 상대적으로 쉬울 수 있다. 이러한 물리적인 거리의 눈높이 배려가 있다면, 심리적인 마음의 거리를 맞추기 위한 배려도 있다. 상대방과 눈높이를 맞추기 위해서는 그 사람의 이야기를 잘 들어봐야 한다. 정말로 상대를 이해하려면 그의 위치에서 생각을 해보는 의식적인 노력이 필요한 것이다.

직장생활에서도 부하직원의 이야기를 듣기보다 일방적으로 본인의 얘기를 하는데 익숙한 리더들을 종종 볼 수 있다. 이들은 특히 경청에 약한 데, 부하직원들에 비해 상대적으로 경험과 연륜이 있다 보니 몇 마디만 듣고도 바로 속단하는 경향이 있기 때문이다. 내가 잘 아는 내용이라 하더라도 상대방의 말을 자르면 안 된다. 끝까지 상대의 말을 들으면서 왜 그런 생각을 하게 됐는지 자세한 배경을 알아야 그 사람을 이해하게 되기 때문이다. 경청은 또 다른 이름의 배려라고 할 수 있다.

2) 경청의 기술

배려는 상대방이 말한 것을 주의 깊게 듣고 같은 말을 여러 번 하지 않게 해주는 것이라고 할 수 있다. 똑같은 말을 두 번 이상 물어본다거나 내가 했던 말을 계속해서 하게 한다면 상대방을 불쾌하게 만들 수 있다. 상대방의 의견을 존중하기 위해 질문을 하거나 생각을 묻는 것은 좋지만, 습관적으로 하는 질문은 자제해야 한다. 상대의 말을 기억하고 똑같은 것을 몇 번씩이나 무의식적으로 물어보지 않도록 해야 한다.

의사소통 방법으로의 경청은 수많은 방법과 수많은 기술들이 나오고 있다. 끊임없이 개선되고 개발되어 시대적 환경에 맞게 다듬어지게 된다. 그러나 상대방에 대한 진심어린 배려는 그의 말에 공감하면서 끝까지 들어주는 것이다. 그 어떤 전문적인 해결방법보다 마음이 전달되는 게 더 큰 위안을 주기 때문이다. S그룹의 고(故) 이건희 회장은 말을 배우는 데는 2년이 걸리지만, 침묵을 배우는 데는 60년이 걸린다고 하였다. 이는 침묵을 하라는 것이 아니라 경청이 그만큼 중요하고 어렵다는 것을 말하고 있다. 경청을 통해 상대방과의 마음의 거리를 줄이고, 신뢰를 쌓으면서 서로를 배려하는 것이 최고의 인간관계가 아닐까 한다. 상대의 말을 들으면서 짐작하여 넘겨짚는다거나 쉽게 판단하고 상대방의 문제를 해결해 주고 싶은 의욕이 과해 상대의 말이 끝나기도 전에 어줍지 않은 조언을 하는 것은 그 관계를 악화시키게 한다. 이러한 조언이나 충고는 상대가 진정으로 바라는 공감 받고 위로받고 싶어 하는 마음을 무시하는 것이다. 상대는 자신이 이해받지 못한다고 느끼면서 마음의 문을 닫아버릴 수도 있다. 흔히 부모 자식 사이에 일어나는 갈등의 시초이다. 사실 잔소리도 싫지만 충고는 더 싫다. 경청의 방법을 간단하게 정리하면 아래와 같다.

① 혼자서 대화를 독점하지 않는다.
② 상대방의 말을 중간에 자르고 가로채지 않는다.
③ 의견이 다르더라도 일단 수용한다.
④ 말하는 순서를 지킨다.
⑤ 논쟁에서는 먼저 상대방의 주장을 들어준다.
⑥ 시선(eye contact)을 맞춘다.
⑦ 귀로만 듣지 말고 오감을 동원하여 적극적으로 경청한다.

제3절 인성덕목과 실천활동

1. 인성덕목

21세기 바른 인성을 위해 배우고 가르쳐야 할 덕목은 「인성교육진흥법」 제2조 제2항에 의거 '배려, 소통, 정직, 예절, 존중, 책임, 협동, 효'로 정하고 있다. 그러나 인성이 여덟 가지로 모두 포함이 되는 것인가? 수많은 덕목들 중에서 가장 기본이 되는 여덟 가지의 덕목과 더불어 이 책에서는 나, 너, 우리라는 큰 범주안에서 성격, 성품, 인격, 천성과 같이 자기 자신을 스스로 인식해야 하는 자아인식, 가치관, 자존감, 겸손을 나누고, 두 번째로 너에 해당하는 타인의 이해부분을 존중과 배려(경청)로 분류하고, 마지막으로 우리(함께)의 부분에 소통(공감), 예절(약속), 사랑, 감사를 포함했다.

인성은 알고 있는 지식에서 드러나지 않는다. 아는 것을 실천에 옮기며 삶으로 이어질 수 있어야 진정한 인성교육이라고 할 수 있다. 나의 경험과 사례가 체득되면서 실천되어진다면 스스로가 내면적인 변화를 느낄 수 있을 것이다. 자신의 삶에 긍정적인 영향을 미치고 자신의 경험에 대한 반성을 통해 의미부여를 스스로가 할 수 있도록 기존경험을 재구성하여 수업시간의 직접 혹은 간접 체험을 통해 삶과 태도변화의 기회를 갖도록 하자.

〈표 6-1〉 인성에서의 나, 너, 우리

분류	인성덕목	실천활동
나(I 인식)	• 자아인식, 가치관 • 자존감, 겸손	• 성격검사 • 포커스 씽킹 • 자기사명서
너(You 이해)	• 존중, 배려(경청)	• 나를 변화시키는 시간관리 • 세상을 변화시키는 5분
우리(We 함께)	• 소통, 공감, 책임감 • 사랑, 감사	• 공익활동 • 봉사활동 • 기부활동

인성덕목의 핵심가치를 이해하고, 능동적인 실천을 통해 공감-소통하는 대인관계(의사소통) 능력과 갈등해결 능력 등에 도움을 줄 수 있어야 한다. 여러 책 혹은 연구자들이 제시하는 인성교육의 덕목들이 많지만, 대학생들이 졸업 이후 직장생활에서의 기본이 되는 덕목을 우선하여 여기에 반영하고자 한다.

활동

☞ 배려가 무엇인지 알고 느끼더라도 실천하기는 쉽지 않습니다. 그렇기에 실천할 수 있는 훈련이 필요합니다. 배려를 주고받는 것이 어색하고 당황스러운 사람도 있습니다. 그러나 이 활동을 통해 서로가 전하는 따뜻한 마음을 알아야 합니다.

배려는 내가 여유가 있어서 할 수도 있지만, 내가 좀 불편해도 타인의 복지를 위해 기꺼이 나서는 마음이라고 할 수 있습니다.

☞ 배려는 마음의 나눔입니다. 나눔은 에너지를 필요로 합니다. 타인을 위해 에너지를 쏟는 행동은 결코 쉬운 결정이 아닙니다. 그러나 배려를 위한 에너지가 상대에게 흘러 사라지는 것이 아니라 나에게 그 이상으로 되돌아오게 됩니다. 다음의 활동을 통해 나의 마음을 살피고 상대의 마음을 공감하여 일상에서 배려가 생활화될 수 있도록 해봅시다.

▶ 배려 없는 사람이란? 자신의 경험에 비추어 사례를 제시하고 의견을 말해보자.

예) 남의 말을 옮기는 사람
1. 자기가 하고 싶은 말을 다른 사람의 말을 통해 자기가 듣고자 하는 말만을 뽑아내서 전달하고 옮김.
2. 본인은 그 말을 할 용기가 없음.
3. 책임을 지기 싫어함.
4. 그 사람 이야기를 100% 그대로 전달하는 것이 아닌 제3자 입장인 척 자기 의도대로 전달함.

▶ 내가 받았던 가장 기억에 남는 배려의 경험

▶ 배려받지 못했던 나의 경험

▶ 생활 속에서 배려를 실천하기 위한 나만의 방법은?

▶ 나의 발표와 다른 조원들의 발표를 듣고 어떤 느낌이 들었는지, 특히 마음에 와닿은 내용이 무엇인지 적어보자.

※ 다음을 읽고 알맞은 말을 아래 〈보기〉에서 찾아 (　　) 안에 넣으시오.

1. 타인의 마음을 움직이고 살피는 것으로, '역지사지'에서 출발하는 따뜻한 감동을 무엇이라고 하는가?　　　　　　　　　　　　　　　　　　　　　　　　　　（　　　）

2. 인간의 '됨됨이'라고 부르며 천성, 인격, 성격, 성품 등으로 부르는 것은 무엇인가?
（　　　）

3. 인간 자체의 존귀함을 일컫는 말로 너와 나를 살리는 평등의 언어라고 한다. 일상에서의 실천을 위해 제도적인 체계화가 함께 필요한 것은 무엇인가?　　　　　　（　　　）

4. 내 자신을 정의하고 나를 먼저 알기 위해 작성하는 것으로 자신이 추구하는 가장 가치있는 일과 인생 목표를 확립하여 행동하도록 하는 것을 말한다. 보다 구체적인 기간을 정해 실천하는 삶의 설계도라고 할 수 있다. 이것은 무엇인가?　　　　　　　（　　　）

5. 자신의 이익이나 영리, 친목도모를 목적으로 하지 않고, 누구든 고르게 혜택을 받을 수 있도록 하는 자발적인 행동을 말한다. 나에게도 좋고 이웃과 사회, 지구 전체에 좋은 영향을 끼치는 환경운동과 기부·봉사활동을 포함한 활동을 말한다. 이것은 무엇인가?（　　　）

〈보기〉

①	인성	②	가치관	③	자존감	④	겸손	⑤	존중
⑥	배려	⑦	경청	⑧	소통	⑨	공감	⑩	예절
⑪	사랑	⑫	감사	⑬	MBTI	⑭	포커스 씽킹	⑮	자기사명서
⑯	공익활동	⑰	봉사활동	⑱	기부활동	⑲	시간관리	⑳	약속

※ 다음을 읽고 알맞은 말을 (   ) 안에 넣으시오.

6. 멋진 배려란 상대방의 반응을 (   ) 하지 않고, 배려할 때 나의 마음에만
   (   )하는 마인드를 말한다.

7. 다음 중 진짜 배려는 무엇인가?   (   )
   ① 점심메뉴를 고를 때 무조건 양보했다.
   ② 내가 잘 알고 있는 문제지만, 다른 사람들을 위해 발표를 양보했다.
   ③ 미리 출근하여 환기를 시키고, 히터 혹은 에어컨을 틀어 두었다.
   ④ 낯가리는 친구를 위해 엘리베이터의 닫힘 버튼을 빨리 눌러주었다.

제 7 장
소통

Personality Development

학습 목표

❋ 일반 목표 ❋

소통의 의미를 이해하고 설명할 수 있다.

❋ 세부 목표 ❋

1. 소통의 정의를 설명할 수 있다.
2. 소통의 중요성에 대해 설명할 수 있다.
3. 조별 활동을 통해 자신의 사례를 발표할 수 있다.

주요 용어

#소통   #경청   #태도   #진정성   #인간관계

제7장
요약 정리

1. 소통은 사람과 사람 사이의 관계에서 어떠한 막힘이나 꼬임없이 잘 흐르고 통하는 에너지이다.
2. 소통의 기준은 사람마다 다르지만 좋은 소통이란 서로의 사고와 감정까지 어루만지는 것이다.
3. 한쪽 방향으로 일방적인 에너지의 흐름이나 상대의 의도와는 상관없이 자신의 의도만 이야기하는 것은 나쁜 소통이라고 할 수 있다.
4. 인정받으려는 잘못된 애정 욕구로 인해 나쁜 소통이 발생할 수도 있다.
5. 소통을 잘하기 위해서는 상대에 대한 배려, 다르다는 것을 인정, 상대의 말에 경청을 해야 한다.

인간의 소통을 유지하는 방법

- 비대면의 **효율성**
- 물리적 **실존감**
- 매개물질의 **필요**
- 느슨한 관계의 강화된 **이동성**
- 커지는 **개인차** 방안 모색

Personality Development

제1절 소통의 이해

　소통이란 사람과 사람 사이의 관계에서 막히지 않고 잘 통하는 것으로 생각이나 뜻이 서로 오해가 없는 것을 말한다. 이는 기술이 아닌 진정성의 문제로 작게는 의사소통에서 넓게는 관계에 대한 개인의 신념까지를 포함하여 말할 수 있다.
　소통의 기준은 개인마다 다른데 서로의 사고와 감정까지를 포함하여 어루만지는 것을 좋은 소통이라고 할 수 있다.
　대인관계를 형성하고 유지하는데 중요한 부분으로 대화의 태도를 비롯해 관심과 집중을 중요시한다. 일상생활에서는 좀 더 복합적인 의미로 해석이 되는 데, 사람 사이의 관계는 하나로 설명하기가 어렵기 때문이다. 소통을 잘하기 위해서는 상대에 대한 배려와 서로 다름을 인정하고 그의 말에 경청하는 것이 기본이 되어야 한다.

1. 좋은 소통

　서로 간에 막힘없이 잘 통하는 것을 우리는 좋은 소통이라고 한다. 서로 다르다는 것을 인정하고 상대를 존중하며 경청하는 것이 소통을 잘하는 사람들의 일반적인 특징이다. 그러나 그 과정에서 자신의 옳지 않은 방법, 즉 어릴때의 기억으로 떼를 쓰거나 막무가내로 우겼을 때 성공한 경험이 있다면 이러한 잘못된 방법을 일반화시켜 어른이 된 후에도 계속 고수하는 경우가 있다.
　성공의 경험이나 실패의 경험이 올바르게 쌓이지 못하면, 좋은 소통으로 성장하기가 어렵다. 자칫 스스로도 좋은 소통의 방법을 몰라 인간관계를 방해할 수 있다. 좋은 소통을 이해하고, 개선하기 위해 스스로를 적절히 통제하면서, 타인의 특성이나 욕구를 수용하려 노력해야 한다. 그러한 과정이 좋은 소통으로 가는 방법이라 할 수 있다.

> **좋은 소통**
>
> ※ 상대에 대한 **배려**
> ※ 다르다는 것을 **인정**
> ※ 상대의 말에 **경청**

2. 나쁜 소통

　상대에게 인정받고 싶다는 생각에 나의 생각과 감정만을 일방적으로 전달하는 것은 좋은 소통의 흐름이라고 할 수 없다. 소통이란 일방향이 아닌 양방향으로 주고받으며 그 관계에서 에너지를 형성해야 하는데, 상대의 의도와는 상관없이 자신의 의도만을 이야기 한다거나 혹은 상대방의 의견은 받아들이지 않고 그대로 투과해 버리는 것도 나쁜 소통이라고 할 수 있다. 잘못된 인정욕구나 애정욕구로 인해 상대에게 일방적인 소통을 요구하거나, 서로에게 무관심하여 어떠한 영향도 주지 않는 소통 역시 나쁜 소통이라고 하겠다.

　소통이 가장 안 된다고 생각하는 대상은 누구일까? 대부분 가장 친하다고 생각하는 친구 사이의 소통이 가장 안 된다고 한다. 이는 가장 많은 시간을 함께 보내고, 서로 기대하는 부분이 많다 보니 오히려 가장 소통이 안 된다고 느껴질 수 있다. 혹은 친한 친구가 아닌 그냥 친구라는 이름의 대상자들이 오히려 소통하기보다는 학교에서 수업을 같이 듣는 동료, 과제를 하는 사람, 학과 동기 정도로만 인식하는 것일 수도 있다.

　두 번째로는 부모님과 선생님과의 소통이 가장 안 된다고 한다. 이 역시 의외일 수 있으나 부모님과는 가정에서 많은 부분 함께 일상을 공유하고 공동체 생활을 하다 보니, 부딪히는 부분이 많을 수 있고, 선생님의 경우 진로상담이나 학업문제를 함께 상담하고 고민하다 보니 오히려 갈등이 발생한다고 할 수 있겠다. 마지막으로 SNS에서의 소통이 잘 안 된다고 한다. 요즘 가장 많은 시간을 보내고 있는 SNS에서 나와 가치관이나 신념이 비슷한 사람들과는 소통이 잘 되겠지만, 의견이 다르거나 전혀 다른 가치관을 가진 사람들과의 소통은 온라인이나 오프라인이나 힘든 것은 마찬가지일 것이다.

　모르는 사람과의 소통이 오히려 힘들거나 나쁜 소통이 많다고 생각하겠지만, 오히려 친한 사이에서 가까울수록 소통이 안 되서 힘든 경우가 많다고 한다. 편하니까, 나를 잘 아니까, 이해해 주겠지라는 마음에서 상대방에 대한 배려나 존중이 사라지기 때문이다. 가까울수록 소중할수록 항상 배려와 존중을 지키는 것이 소통의 출발이라고 할 수 있다.

제2절 소통의 중요성

우리는 소통의 중요성을 알고, 좋은 소통이 무엇인지도 잘 알고 있다. 그래서 소통을 잘하기 위해 많은 노력과 방법을 배우고 있다. 그러나 좋은 방법만을 개발하기보다는 나쁜 소통을 통제하는 것이 우선되어야 한다. 자신의 잘못된 소통 방법을 알게 되어도 계속 그 방법을 고수하게 되는 고집 때문에 결국 갈등과 문제가 발생하기 때문이다.

1. 소통을 위해 버려야 할 것들

소통을 잘하기 위해서는 상대방이 좋아하는 것과 싫어하는 것을 명확히 알아 둘 필요가 있다. 이는 나의 입장을 상대방에게 정확히 전달하는 방법부터 익혀야 한다. 내가 보는 모습과 원래 모습이 같지 않을 수 있기 때문이다.

1) 착각

어느 한 연구에서 아이들에게 질문을 했다. "Q : 엄마가 싫어하는 것을 쓰시오".
아이들은 엄마가 싫어하는 것을 나열하기 시작했다. 2분이 지난 후 아직도 다 쓰지 못했다면서 시간이 모자르다고 했다. 다음은 엄마가 좋아하는 것을 쓰라고 했다. 이 질문에는 2초도 되지 않아 바로 답을 쓰고 끝냈다고 한다. 과연 그 답은 무엇이었을까?
아이들이 생각할 때 엄마가 싫어하는 것은 너무도 많았다. 학교에서 돌아와 손을 씻지 않는 것부터 방을 치우지 않는 것, 밥을 잘 먹지 않는 것, 숙제를 하지 않는 것, 게임을 하는 것, TV를 보는 것, 심부름을 하지 않는 것 등 너무도 많아 다 쓰지 못할 지경이라고 한다. 아이들은 엄마가 화를 내거나 아이들에게 잔소리를 하는 것을 엄마가 싫어하기 때문에 그러한 행동을 한다고 생각한 것이다. 반대로 엄마가 좋아하는 것은 무엇인가? 그 답은 모두 공통적으로 하나였다고 한다. 무엇일까?

바로 모든 아이들은 공통적으로 엄마는 내가 공부하고 있을 때 가장 좋아한다고 했다. 엄마가 좋아하는 다른 것은 하나도 알지 못해 쓰지 않았다.

그 답을 듣고 새삼 씁쓸함을 느끼게 되는 것은 모두 비슷한 마음일 것이다. 나이가 들어 엄마가 정말 좋아하는 것은 무엇이었을까? 내가 물어본 적은 있었는가? 생각을 많이 하게 되는 연구였다. 비단 부모님만의 문제는 아니다. 상대에 대해 내가 아는 모습과 상대에게 물어보고 상대의 입장에서 다가가야 좋은 소통이 시작된다고 할 수 있다.

2) 구분하지 못하는 것

상대가 나를 알아주기를 기다리는 소통이 아닌, 내가 먼저 나를 상대에게 알려줄 필요가 있다. 내가 좋아하는 것 그리고 내가 진짜로 원하는 것을 구분해야 한다.

스스로가 진단해 봐야 한다. 내가 좋아하는 것과 진짜 내가 원하는 것은 어떻게 구분할 수 있을까?

- 어떤 물건이 있다. 모두가 가지고 있다. 나만 빼고 모두가 가지고 있는 것이다. 나는 그것이 가지고 싶다. 왜냐하면 나만 없기 때문이다. 이것은 내가 좋아하는 것인가? 원하는 것인가? 남이 갖고 있어서 나도 갖고 싶은 것은 내가 원하는 것 그리고 좋아하는 것이 될 수 있다.
- 이번에는 모두가 그 물건이 없다. 아무도 갖고 있는 사람이 없다. 아무도 모르고 아무도 갖고 있지 않는 그 물건을 나는 지금 꼭 가지고 싶은가? 원하는가? 생각해 보자. 아무도 가지고 있지도 않고 아무도 모르지만, 나는 그것이 가지고 싶다면 그것은 진짜로 내가 좋아하는 것이다. 그러나 아무도 없는데 굳이 내가 왜 그것을 가져야 하는가라고 비교 대상을 찾지 않는다면 그것은 내가 좋아하는 것은 아니다. 단지 다른 사람들이 모두 갖고 있으니, 상대적으로 비교가 되고 싶지 않기에 그저 갖고 싶다는 희망일 뿐이다.

내가 진짜로 좋아하는 것을 찾아야 한다. 나도 모르는 내가 좋아하는 것을 상대에게 요구할 수도 서로 맞춰 갈 수도 없는 것이다. 나도 나를 모르는데 상대는 더욱 나를 모르는게 당연하다. 서로의 소통은 나를 먼저 알아가는 것이 우선이다.

2. 소통과 대화

소통의 한자는 "疏通, 막힌 것을 뚫는다"는 뜻을 가지고 있다. 조직의 리더들은 조직 구성원들과의 소통을 위해 노력하고, 부모들은 자식들과 소통하기 위해 교육을 받기 시작했다. 부부간의 소통 상담이나 소통 교육은 좋은 가정을 이루기 위해 일상화 됐다.

부부간에 대화가 많다고, 부모, 친구와 매일 만나고 매일 대화를 한다고 소통이 잘 되는 것은 아니다. 이것은 소통과 대화가 다르기 때문이다. 대화는 서로 마주보면서 말을 주고 받는 것이다. 그러나 일상적인 대화와 공감하지 않는 대화는 소통이 될 수 없다. 소통은 대화를 넘어 말을 통해 서로 막힌 것을 뚫어가는 과정이기 때문이다. 나는 대화를 하려고 노력하는데 상대가 응해주지 않는다. 그렇기 때문에 우리는 소통이 불가하다고 생각한다. 그러나 이것은 대화가 아닌 소통으로 접근해야 한다. 소통을 잘하려면 우선 다음의 것들을 지켜야 한다.

1) 상대방을 먼저 생각하기

항상 갈등이 생기고 문제가 야기되는 일명 자주 싸우는 사람들은 공통점이 있다. 서로 자기 말만 한다는 것이다. 어떻게 하면 나의 주장을 상대에게 전달해서 내 의견을 이해시키고 설득할 것인가에 온통 집중되어 있다. 그러다 보니 목소리는 점점 커지고, 자기 것만을 강조할수록 서로의 차이만 부각되고 결국 두 사람 사이의 거리만 더 멀어지는 것이다. 시작은 소통을 잘하기 위함이였을 것이다. 소통을 잘하기 위해 자신의 의견을 명확하고 정확하게 주장했을 뿐인데, 오히려 소통은 더 안 된다고 느낀다.

이는 나의 주장이 명확하지 않았다거나 논리가 없다거나 부족해서가 아니다. 상대의 입장이나 생각을 고려하지 않은 나의 입장과 나의 생각만을 너무도 명확하게 전달했다는 것이 문제였을 것이다. 내가 좋은 생각과 선량한 의도를 가지고 말을 했을지라도 듣는 상대방이 어떻게 들었느냐에 따라 그 의미가 매우 달라질 수 있다. 그래서 진짜 소통을 잘 하는 사람은 자신이 어떤 말을 해야 하는가 보다는 상대방이 자신의 말을 어떻게 듣느냐에 더 관심을 가지고 상대를 항상 먼저 생각해야 한다.

2) 똑같은 말이라도 이해는 제각각

글은 칼보다 강하다는 말이 있다. 그러나 글보다 더 강한 것이 직접 듣는 말인 것 같다. 말로 입은 상처는 마음에 더 오래 남기 때문이다. 별 생각 없이 그냥 한 말인데 상대방에게는 큰 상처가 될 수 있다. 이는 그 말의 의미를 해석하는데 있어서 그 사람의 성격, 가치관, 경험, 문화에 따라 받아들이는 의미가 너무나도 다양하기 때문이다. 그런데 누군가가 자신의 경험만을 앞세워 다른 사람의 의견과 이해한 것이 틀리다고 말한다면 바로 갈등과 분쟁이 시작되는 것이다. 같은 말이라도 사람들마다 각자 이해하고 생각하고 판단하는 것이 모두 다르다. 장님이 코끼리 만지기와 같이 자기가 보는 위치에 따라 모두 다르게 생각하게 되는 것이고, 내가 보는 위치만이 정답이 아닌 것이다. 내 위치에서는 아주 잘 보이는 것이 다른 사람의 위치에서는 전혀 보이지 않을 수도 있다는 것을 생각해 봐야 한다. 그래서 설득을 하려고 하면 할수록 소통은 더욱 어려워지는 것이다.

3) 다름을 인정하기

우리는 앞서 소통이 안 되는 대상에 대해 그들의 공통점을 친한 친구 사이, 가까운 부모님과 선생님, 그리고 SNS에서 마찰을 일으키는 상대로 보았다. 친할수록 내가 옳다고 내 의견이 맞다고 우기게 되고, 얼굴을 보지 않는다는 이유로, 또는 편하다는 이유로 상대에 대한 인정이나 존중이 없어지기 때문이다. 내가 잘 안다고 생각하는 착각을 버리고 누구나 다르다는 것을 인정하면, 소통이 안 되는 것이 오히려 당연하게 느껴질 수 있다. 나와 다른 생각을 가진 사람은 늘 존재하고, 나와 다르지만 나보다는 상대를, 말보다는 마음을, 같은 것보다는 다름을 인정할 때 비로소 소통이 잘 된다고 할 수 있다.

제3절 소통 플랫폼

 소통은 만남이다. 소통을 이끌어 내는 장을 열어주는 것, 일명 소통 플랫폼에 대해 알아보자.

 우리는 나와 비슷한 생각과 가치관, 공통점, 관심사를 가진 사람이나 모임에서 편안함을 느낀다. 동호회나 동아리에서 갈등이나 의견 차이가 심하지 않은 것이 그 이유일 것이다. 내가 좋아하는 것을 상대도 좋아하고 의견이 일치할 때 우리는 편안함을 넘어서 안정감, 그리고 인정을 받는 느낌을 가진다. 그렇다고 해서 우리는 나와 다른 의견을 가지거나 다른 사람들을 무조건 멀리하고 안 보고 살 수는 없다. 대부분의 인간관계에서의 갈등 원인이 우리는 달라도 너무 다르다는 것이 압도적으로 많다. 그러나 심리학 연구에서는 다르게 보고 있다. "세상의 많은 다름은 결국 공통점에 기초한다"라는 것이다. 의문을 갖게 하는 말이다. 무슨 말이지? 고개를 갸웃거리게 하는 이 뜻은 공통적인 것에서 다름을 찾아보라는 것인 데, 인터넷 블로그에서 많이 다루고 있는 '다름'의 역설(Markman et al., 1996)이라는 다음의 예를 살펴보자.

- 'PC - 노트북' vs 'PC - 고양이' 이렇게 두 개의 비교대상이 있다. 둘 중에 어떤 연결이 더 유사한 쌍인가?
- 대부분 'PC - 노트북' 이 더 유사하다고 할 것이다.
- 그렇다면 'PC - 노트북' vs 'PC - 고양이' 두 비교대상의 차이점을 써보자.
- 'PC - 노트북'의 차이점을 아래 칸에 쓰시오.

- 'PC - 고양이'의 차이점을 아래 칸에 쓰시오.

- 딱히 비교할 대상이 없는 기준에 대해 당황하게 된다.
- 서로 비슷하다고 생각되는 두 대상 사이에서는 명확한 차이점을 더 많이 그리고 쉽게 떠올리게 되는 데 이는 둘 사이에 존재하는 공통점이 있기에 상대 비교가 가능하기 때문이다.

우리는 유사한 관계에 있는 대상이나 사람들과의 관계에서 오히려 차이점을 강하게 느끼게 된다. 공통점이 많이 존재할수록 그 공통점에 기초한 차이가 쉽게 느껴지며 따라서 이질감이나 갈등으로 연결되는 경우가 많다는 것이다.

우리가 다르기 때문에 갈등하는 것인지, 아니면 갈등하기 때문에 그 다른 점들이 더 잘 보이는 것인지 스스로 인지해 볼 필요가 있다. 'PC - 고양이' 사이의 차이점처럼 본질적인 차이는 오히려 사람들이 잘 인식하지 못한다. 전혀 다른 존재에서는 갈등도 차이도 크게 일어나지 않는다는 것이다. 다르다는 것은 결국 너무 닮았다는 것으로도 볼 수 있다.

1. 소통의 법칙

너무 많은 만남과 너무 많은 대화로 사람과의 관계에 이미 많이 피곤하고 지쳐있다.

낯선 사람과의 만남이나 오랜 시간의 회의, 인간관계에서의 에너지 소모는 극대화되어 있다. 사회생활을 위한 뇌가 아닌 맛있는 것을 먹고, 잠을 잘 자고, 쉬는 것을 좋아하지만 실제로는 굉장히 어려운 일이 되어버리고 있다. 사람들을 좋아하지만 그 관계를 유지하기 위해서는 많은 노력이 필요하다. 사회에서는 좋은사람들과의 관계만 있는 것이 아니기 때문이다.

자주 가는 커피숍에서 사장님이 나를 알아봐 준다. 내가 먹는 메뉴를 기억하고 내가 카페에 머무르는 시간 패턴을 알고 인사를 한다. 나는 그러한 상황을 좋아하는가? 아니면 부담스러운가? 당연히 사람마다 다를 것이다.

스타벅스의 사이렌오더는 모바일을 통해 주문을 하고 바로 픽업을 할 수 있는 IT서비스다. 시간을 절약하고 길게 늘어선 줄을 해결하기 위해 주문 후 자리에 앉아 알림이 오면 바로 픽업을 하거나 자동차에서 바로 픽업을 할 수 있도록 해준다. 그러나 줄을 서서 기다리면서 사이렌오더를 하는 사람도 있다. 직접 얼굴을 보고 주문하는 것이 불편하고 기기사용이 더 편하기 때문이라고 한다.

사람들을 만나 회의를 하는 것보다는 화상회의를 통해 각자 편한 장소에서 접속을 하고, 전화 통화보다는 문자를 선호하고, 너무 가까운 거리보다는 어느 정도 선을 지키는 관계를 가장 이상적이라고 생각하는 사람들이 있다.

소통이라는 법칙은 내가 선호하는 방법으로 내가 자연스럽게 편안한 마음으로 다가갈 수 있을 때 상대방을 이해하는 범위도 넓어질 수 있다. 나의 소통 방법과 소통의 법칙을 생각해 보자.

2. 비대면 사회에서의 소통

코로나-19 이후의 우리 사회는 많은 변화들이 있었다. 그중 가장 큰 변화는 대면사회가 많은 부분 비대면으로 바뀌었다는 것이다. 그러나 사실은 이미 오래전부터 원하고 있던 비대면의 소통은 아니었는지 생각해 볼 수 있다.

우리의 'want'에서 나의 'Like'로 전환되고 있는 시점에서 우리가 원한다고 해서 내가 좋아하는 것은 아니었기 때문이다. 직접 대면하던 것들이 디지털로 전환되고 있고 이는 인간에게 편리함과 정확성을 가져다 준다. 물론 디지털 격차로 인한 정보격차의 갈등과 혹은 디지털 트렌스포메이션[2]으로 인해 많은 변화에 적응이 힘든 계층이 생겨나기도 한다. 그러나 변화에 적응하고 교육을 받아 실생활에 활용해야 하는 것은 이제 현대인의 권리가 되었다. 새로운 시대, 새로운 환경은 좀 더 편리하고 도움이 되고자 변화하는 것이지 사람들을 괴롭히려고 하는 것은 아니다.

예를 들어 우버(Uber)라는 공유택시가 있다. 쉽게 말해 '대리운전 + 콜택시 + 택배'와 비슷한 느낌이다. 자사 소속의 차량이나 일반인이 제공하는 공유된 차량을 중개하고 수수료를 떼어가는 방식으로 해외 여행시 매우 유용하게 사용된다. 택시면허가 없어도 택시 영업을 할 수 있고, 개인차량을 우버에 등록하면 일반 승객이 등록된 차량을 콜택시처럼 이용할 수 있다. 우버에 일단 가입이 되면, 등록된 신용카드로 요금이 자동계산되고, 실시간으로 위치정보를 피드백 받기 때문에 해외여행에서 이처럼 편할 수가 없다. 실시간으로 많은 정보를 제공해 줌으로 인해 사용자는 안정감을 갖고 소통이 된다고 느낄 수 있다. 택시나 콜택시의 시대에서는 기다리는 것이 전부였다면 우버는 신세계였기 때문이다. 우버를 한 번도 사용 안 한 사람은 있지만, 한 번만 사용한 사람은 없을 정도라는 평이다. 물론 택시회사 및 정책에 대해 갈등과 문제가 발생하기도 했지만 그럼에도 불구하고 이러한 비대면 서비스는 향후 더 많은 수요를 예상할 수 있다. 여기에 더불어 게임적인 요소가 접목되는 비대면적인 요소는 무조건 성공의 아이콘이 된다.

아래 사진은 일본의 BBT 대학의 졸업식 사진이다. 코로나-19 상황에서 맞는 졸업식을 로봇을 사용하여 행사를 진행하고 있다. 실제 학생이 참석할 수 없어 비대면 온라인으로 진행하지만, 학생들의 얼굴을 로봇에 영상으로 보여주어 자신의 아바타처럼 로봇이 졸업장을 받는다. 이러한 로봇이라는 매개물질을 이용하여 비대면 상황에서도 물리적 거리를 줄여 실존감을 느끼게 해준다. 온라인으로 접속하여 자신의 얼굴을 한 로봇이 직접 졸업장을 받는 것은 나의 아바타, 나의 부케와도 같은 느낌이 들 것이다.

---

[2] 기존의 데이터와 정보 등을 디지털 정보로 수집하여 전환시키는 디지털 전환을 의미한다. 디지털화된 자료로 새로운 가치를 만들어 내는 것을 디지털 트렌스포메이션이라고 한다.

BBT University 졸업식 사진과 영상

출처 : https://www.youtube.com/watch?v=jYaZBadsWfY

비대면 사회에서의 소통이라는 것은 서로 간의 직접적인 관계는 조금 느슨해 지더라도 이동성은 강화되고 속도가 빨라지면서 오히려 경계가 사라지게 된다. 비대면의 효율성을 최대로 살릴 수 있는 소통은 계속 이어질 것이다.

제4절 스트로크

신체를 움직이고 유지하려면 음식을 통해 영양분을 공급받는다. 감정을 가진 인간은 심리적 정서적인 자극에 반응하는 에너지가 필요하다. 이러한 에너지를 '인정자극'이라고 한다. 개인을 성숙하게 하고 원만한 인간관계를 만들어 주는 '스트로크'에 대해 활동해 보자.

1. 인정자극

인정욕구는 언어뿐만 아니라 눈빛, 표정, 몸짓, 감정, 스킨십 등 다양한 자극을 통해 채워지는 것으로, 악수를 하고 인사를 하는 것도 모두 '인정자극(stroke)'의 일종이라고 할 수 있다. 자신의 반응을 상대에게 알리고 그의 반응을 받음으로써 자신의 존재를 인정받는다고 느끼는 것이다. 모든 인간은 '인정자극', 즉 '인정'과 '칭찬'을 추구한다. 신체활동을 하는데 음식물을 섭취하여 몸을 움직이게 한다면, 심리적이고 정서적인 에너지를 받는 것을 '스트로크(stroke, 인정자극)'라고 한다(Berne, 1961).

우리는 누군가에게 인정을 받고 싶어 한다. 이러한 인정은 신체적 인정자극, 언어적 인정자극, 긍정적 인정자극, 부정적 인정자극, 조건부 인정자극, 무조건 인정자극으로 구분이 된다.

1) 신체적 인정자극

안아주거나 피부를 쓰다듬는 것처럼 신체적 접촉을 통한 인정자극이다. 주로 어린이들에게 많이 활용되나 청소년기나 성인이 된 이후에도 신체적 인정자극은 중요하다. 유아기에 충분한 신체적 인정자극을 받지 못하면 성인이 된 후 애정결핍이나 성격장애를 갖기 쉽다.

2) 언어적 인정자극

"우와~ 너는 어쩜 이렇게 잘하니?", "니가 최고구나", "멋지다, 진짜 훌륭해" 와 같은 말로 하는 칭찬과 "이런 바보같은 놈" "멍청아 대체 왜 그런거야?" 같은 비난하는 말을 뜻한다. 성장하면서 신체적 인정자극보다 언어적 인정자극에 더 많이 노출되고 오히려 더 많이 좋아하는 경향이 있다. 만약 어깨를 두드리며 참 잘했다고 한다면 신체적인 것과 언어적인 인정자극을 동시에 주는 것이 된다.

3) 긍정적 인정자극

개인에 대한 적절한 이해와 평가, 합당한 칭찬과 승인, 심리적 위로와 사랑, 애정을 통해 마음을 편안하게 하고 기분 좋게 만드는 것이다. 이는 자타긍정(I'm OK, You're OK)에 이르게 한다.

4) 부정적 인정자극

인간의 부정성(Not OKness)을 유발하는 자극으로 한 인간이 지니고 있는 중대한 문제를 무시하거나 왜곡하는 잘못된 관점에서 발생한다. "넌 틀렸어"와 같은 부정적 언어나 때리거나 발로 차는 신체적 행위가 이에 해당한다. 사람이면 누구나 긍정적 인정자극을 원하지만 부정적 인정자극도 인정자극이 없는 상태(No Stroke)보다는 낫다고 한다. 동생이 태어나 부모의 관심이 동생으로 향하게 되면 갑자기 그릇을 깬다거나 소리를 질러 꾸중을 듣더라도 부모의 관심을 자기에게 돌리려고 하는 것도 무관심보다는 부정적 인정자극이라도 받기 원하기 때문에 일어나는 것이다.

5) 조건부 인정자극

"나는 네가 이러한 방식으로 행동하면 너를 좋아할 것이다"와 같이 말하며 그와 같이 행동할 때 인정해 주는 것이다. "이번 기말고사에서 성적이 오르다니 정말 수고했다", "심부름해 줘서 고마워", "청소를 안 했으니 벌을 받아야겠다" 등과 같이 조건을 명시하고 거기에 따라 긍정적 또는 부정적 인정자극을 주는 것이다.

6) 무조건 인정자극

"나는 네가 어떤 존재든, 너의 행동 결과가 좋든 나쁘든 항상 너를 수용하거나, 수용하지 않는다"와 같이 특정한 조건과는 무관하게 상대의 존재 자체에 대한 인정자극을 말한다. 말없이 아이를 안아주거나, "네가 있어 엄마는 행복하다"와 같은 긍정적인 경우와 "넌 필요 없어"와 같은 부정적 경우가 있다.

학교에서 아이들이 '왕따'를 두려워하고 친구라면 죽고 못 사는 것도 그들로부터 인정자극을 원하기 때문이다. 신체적이든 언어적이든 긍정적이고 무조건적인 인정자극을 통해 자신이 사랑받고 있고, 살아갈 가치가 있다고 느끼며, 자신을 존중하는 자존감을 가질 수 있게 된다. 간혹 부모나 친구들로부터 인정자극을 받지 못하는 경우 잘못된 방법을 사용하거나 부정한 일인 줄 알면서도 행하기도 한다. 또래집단의 일탈행위나 범죄행위가 잘못된 줄 알면서도 거부하거나, 바로잡지 못하고 동참하거나 수행하는 경우가 이에 해당한다.

아프리카의 어느 부족은 필요 없는 나무를 제거할 때 다음과 같은 방법을 사용한다고 한다. 도끼나 칼과 같은 도구로 나무를 베거나 자르지 않고 매일 마을 사람들이 나무 밑에 모여 나무를 향해 "우리는 네가 필요 없어. 그러니 말라 죽어버려" 그렇게 나무를 향해 온 마을 사람들이 소리치다 보면 어느새 나무가 시름시름 말라 죽는다는 것이다. 부정적 언어의 스트로크가 나무에도 통용된다고 믿는 것이다. 학교에 적응하지 못하는 아이들의 상당수가 가정에서 부모로부터 사랑받지 못하고 주위로부터 인정받지 못하는 경우가 많다. 이는 어린아이들에게만 해당되는 것은 아니다. 사회인으로 활동하는 성인도 서로 인정을 해주고 인정을 받으면서 진심어린 따뜻한 말 한마디가 중요하다.

2. 스트로크 지수

사람마다 원하는 스트로크가 다르듯이 자신이 선호하는 스트로크 지수(stroke quotient)가 있다. 스트로크의 방법과 질은 객관적으로 측정할 수 없기 때문에 나에게 영향을 크게 주는 스트로크가 상대방에게는 그렇지 못할 수도 있다. 어떤 사람은 스트로크를 받았을 때 자신이 기대하는 스트로크 지수에 맞지 않을 경우 이를 무시하거나 하찮게 여긴다. 이때 우리는 스트로크를 '디스카운트(discount)' 하거나 '걸러낸다(filter out)'고 말한다. 우리가 받는 스트로크와 우리 자신 사이에는 '스트로크 필터(stroke filter)'가 있어서 스트로크를 선택적으로 거를 수 있다. 자신의 스트로크 지수에 맞는 스트로크는 받아들이고, 그렇지 않은 것은 걸러냄으로써 자신의 기존 모습을 유지하려고 한다.

스트로크는 다섯 가지의 제한적 규칙이 있다. 이는 스트로크 경제(stroke economy)라고 하는데, 부모가 자녀에게 스트로크를 무제한 줄 수 있음에도 무조건 남발하지 않음으로 그 가치를 올리는 방법이다. 즉, 스트로크를 통해 자녀들을 훈련·교육시키기 위한 규칙이다.

① 스트로크를 주어야 할 때 주지 마라.
② 스트로크가 필요해도 요구하지 마라.
③ 원하는 스트로크를 주더라도 받아들이지 마라.
④ 스트로크를 원하지 않을 때 배척하지 마라.
⑤ 자신에게 스트로크를 주지 마라

슈타이너(Steiner, 1971)는 위와 같이 스트로크 경제를 제안하였으나, 인간은 결국 스트로크 지향적인 동물이다. 인생 초기 부모 간의 접촉과 관계에서 사회성을 배우고 정서와 성격이 형성되기 때문에 조건 없는 긍정적인 스트로크는 필수적이라고 생각된다. 인생에 있어 긍정적이거나 부정적인 삶의 태도와 생활방식은 어떤 스트로크가 어느 정도로 주어졌는가에 따라 결정된다. 스트로크를 주고받는 것이 부족하면 배가 고파 굶주린 것처럼 스트로크 기아 상태에 빠지게 된다.

인간관계에서 필요한 스트로크를 발견하고 나에게 필요한 스트로크와 상대에게 필요한 스트로크가 있다면 항상 에너지를 주는 것이 좋다. 이러한 친밀도는 곧 올바른 소통으로 이어지기 때문이다.

활 동

☞ 스트로크 교류가 인간의 성숙을 돕고, 원만한 인간관계를 만들어 준다.
☞ 스트로크 생활 계획
  1. 인간의 삶에서 반드시 필요한 스트로크(인정자극)를 이해한다.
  2. 양질의 긍정적 스트로크 실천 계획을 세운다.
  3. 세부 계획을 실천한다.

▶ 스트로크 활동을 해보자.
  1. 조별로 소모임을 개설한다.
  2. 아래 활동지를 작성한다.
  3. 소모임 내에서 자신의 의견을 발표한다. 이때 조원들은 발표내용을 평가하거나 비판하지 않는다.
  4. 나의 발표와 조원들의 발표를 듣고 어떤 느낌이 들었는지, 특히 마음에 와 닿는 내용은 무엇인지를 파일로 작성한다.

예시)

스트로크	방법	긍정적	부정적
신체적	직접 접촉	머리를 쓰다듬는다	때린다, 꼬집는다
정신적	말에 의한 간접적 표현	칭찬, 경청, 금전적 보상, 훈장, 표창	꾸중한다. 흘겨본다
조건적	행위나 태도에 대해	심부름을 해줘서 고마워 용감한 행동이었어	왜 그렇게 사니? 또 망쳤구나 그 태도 뭐냐?
무조건적	존재나 인격에 대해	너하고 같이 있는 건 행운이야 나는 너가 좋아 너를 좋아해	그냥 싫어

▶ 스트로크 주기

누구에게	무엇으로	어떻게	
		언어적	비언어적

▶ 스트로크 받기

누구에게	무엇으로	어떻게	
		언어적	비언어적

학습평가

※ 다음을 읽고 알맞은 답을 찾아 (   ) 안에 넣으시오.

1. 다음 중 소통에 대한 설명으로 맞지 않은 것을 고르시오.　　　　　(　　　)
　　① 생각이나 뜻이 서로 통하여 오해가 없음
　　② 어떠한 것이 막히지 않고 잘 통함
　　③ 좋은 소통이란 상대의 감정과 신념을 포함하여 모든 개인정보를 알아야 함
　　④ 사람과 사람사이에 꼬임없이 흐르는 에너지를 말함

2. 다음 중 나쁜 소통은 무엇인가?　　　　　(　　　)
　　① 상대의 말에 경청하는 태도
　　② 서로 다르다는 것을 인정하는 것
　　③ 어떠한 영향도 주지 않는 소통
　　④ 양방향적인 에너지의 흐름

3. 다음 중 진짜 소통은 무엇인가?　　　　　(　　　)
　　① 좋아하는 친구와 싸우기 싫어서, 나의 의견과 달라도 받아들인다.
　　② 선생님이 시키는 일은 무조건 해야 한다고 생각한다.
　　③ 나와 가치관과 의견이 비슷한 모임의 온라인에서만 친구를 사귄다.
　　④ 나와 갈등이 있는 친구지만, 서로 다른점을 받아들이고 그의 의견을 인정해 준다.

4. 비대면 사회에서의 소통의 특징이 아닌것은 무엇인가?　　　　　(　　　)
　　① 통일성　　　　　　　　　　② 물리적 실존감
　　③ 매개물질의 필요성　　　　　④ 효율성

5. 소통을 잘 하기 위해서는 상대에 대한 (   ) 다르다는 것을 (   ), 상대의 말에 (   ) 하는 태도를 가져야 한다.

6. 인간 삶의 성숙을 돕고 심리적 정서적으로 반드시 필요한 영양분과 같은 '인정자극'을 무엇이라고 하는가?   (   )

제8장
공감

Personality Development

학습 목표

❋ 일반 목표 ❋

일상생활에서의 공감을 이해하고,
사례를 찾아 상황에 맞는 공감을 할 수 있다.
나만의 공감법을 발표할 수 있다.

❋ 세부 목표 ❋

1. 공감에 대한 이해를 자신의 사례를 통해 발표할 수 있다.
2. 조별활동을 통해 상황별 공감에 대해 토의할 수 있다.
3. 조별 토의 내용을 프리젠테이션할 수 있다.

주요 용어

#공감   #공감능력   #인지공감   #공감사례

제8장
요약 정리

1. 공감은 상대방의 입장에서 상대의 경험한 바를 이해하는 것으로 다른 사람의 감정에 나의 감정을 투영하여 진심으로 상대와 비슷한 마음의 상태를 느끼게 되는 것을 말한다.
2. 상대의 감정과 행동이 타당하고 적합한가를 결정하는 것이 아니라, 그 사람의 입장에서 어떤 감정을 느끼었는지를 공감하는 것이 중요하다.
3. 공감의 종류에는 인지적 공감과 감정적 공감이 있다. 감정적 공감이 상대의 마음을 읽고, 그에 부합하는 감정을 나타내는 것이라면 인지적 공감은 그의 감정을 합리적으로 이해하고 그의 상황에 관심을 가져주는 것이다.
4. 공감과 동정은 구별해야 한다. 타인의 불행에 대한 슬픔이나 단순한 연민으로 인해 정신적 혹은 물질적인 도움을 주는 것은 동정이지 공감이 아니다. 공감은 그의 감정과 생각을 적극적으로 인지하려는 노력을 포함해야 한다.
5. 기업에서 주로 사용하는 공감의 핵심 요소는 '신뢰', '인내심', '상호이해' 이다.
6. 공감능력도 연습이 필요하다. 대부분의 공감은 관심 있는 대상을 위해 노력하려는 마음이다.
   ① 상대의 이야기를 경청하자
   ② 이해가 되지 않는 부분은 그 상황 설명을 다시 물어보자.
   ③ 상대에게 자신이 이해한 내용의 감정을 표현하자.
   ④ 명령하지 말고 부탁하는 표현으로 바꾸자.
   ⑤ 나 스스로를 먼저 이해하고 사랑하자.

제1절 공감의 의미

공감은 상대방의 입장에서 상대의 경험한 바를 이해하는 것으로 다른 사람의 입장에서 생각해 보는 능력을 말한다. 상대의 감정에 나의 감정을 투영하여 진심으로 그를 이해할 수 있는 마음이 생기고 스스로도 상대와 비슷한 마음의 상태를 느끼게 된다. 여기에서 중요한 것은 상대의 감정과 행동이 타당하고 적합한가를 결정하는 것이 아니라 그 사람의 입장에서 어떤 감정을 느끼었는지를 이해하는 것이다. 우리는 종종 상대방이 왜 그렇게 행동했는지 도무지 이해가 안 되는데 어떻게 그 감정에 공감을 해주겠냐고 말한다. 이는 상대방의 행동을 유발하게 된 진짜 이유나 상대의 상황을 완전하게 이해하지 못한 상태에서 무조건 공감을 하려다 보니 생기는 마찰일 수 있다.

제2절 공감능력

공감능력이란 대인관계에서 꼭 필요한 의사소통의 핵심기술로 '공감기술'이라고도 한다. 실제 가까운 관계에서 활용할 수 있는 공감의 마음가짐은 상대의 표정을 정확하게 읽는 것부터 시작한다. 상대의 표정에서 드러나는 감정을 빠르고 정확하게 포착한다면 분위기에 맞는 대화나 행동을 할 수 있게 된다. 그러나 많은 사람들은 이러한 공감을 어려워 하고 있다. 별다른 의식적인 노력없이 상대방의 마음을 알아차려 상대방이 원하는 반응을 잘해주는 사람이 있는가 하면 따로 배워야 하는 것은 아닌지 어렵기만 한 사람들도 있다. 시험공부를 하는 것처럼 하나하나의 사례로 설명해 주는 상담 프로그램도 많이 나오는 것을 보면 누구나 힘들어하는 것은 맞는 것 같다.

공감은 사회질서와 협력을 유지하는데 도움이 되고, 사람들과의 좋은 관계를 맺을 수 있게 하는 전제조건이 된다. 이러한 공감을 잘하기 위해서는 우선 공감에 대한 선입견을 버려야 한다. 상대방이 하는 말은 무조건 편을 들어주고 감정적인 반응을 보여야 한다는 것은 잘못된 편견이다. 이러한 반응을 해야 한다는 압박으로 어색하고 어울리지 않는 다소 과장된 반응이 나타나는 것이다. 상대에게 그저 듣기 좋은 말만 해준다거나 무조건적인 맞장구는 '공감'이 아니라 그저 '껍데기' 같이 겉도는 느낌을 주게 된다. 이런 것을 **"공감을 글로 배웠어요"**라고 한다. 그렇다고 상대의 이야기에 의무감을 가지고 무조건 문제를 해결해 줘야 하는 '고민해결사'가 되어서도 안 된다. 이들은 해결책을 제시하기 위해 나름대로 압박을 느끼고 있다. 이렇듯 **"진짜 공감"**의 장애요인들이 많다. 이 장을 통해 현실 세계에서의 진짜 공감에 대해 알아보자.

제3절 공감의 종류

1. 인지적 공감 능력

　인지적 공감(cognitive empathy)은 다른 사람들의 가치관, 인생관, 세계관을 이해하고 그들이 생각하거나 느끼는 것을 이해하는 능력이다. 이때 나의 감정적 참여를 포함하지는 않는다. 객관적으로 상대방의 감정과 생각을 인지하려고 노력하는 것을 말한다. 감정적 공감이 상대의 마음을 읽고, 그에 부합하는 감정을 나타내는 것이라면 인지적 공감은 그의 감정을 합리적으로 이해하고 그의 상황에 관심을 가져주는 것이다.

　대부분 인지적 공감은 사회생활이나 직장생활에서 주로 나타나는 데, 리더는 인지적 공감을 통해 팀원들의 감정을 이해하는데 유용한 툴로 사용한다. 정신적·육체적으로 피로를 느끼고 열정과 성취감을 잃어버리는 번아웃(burnout)의 직원들을 이해하고 그 상황을 해결하고자 노력하는 리더들이 직원들과 더 좋은 관계를 가지고, 업무 성과도 좋게 나타나고 있다.

　인지적 공감은 대부분 합리적이고 지적이며 정서적으로 중립적인 능력이다. 때로는 일부 부정적인 목적으로 공감을 사용하기도 하는 데, 정서적으로 취약한 사람들을 주로 조종하는데 인지적 공감을 사용하기도 한다.

2. 감정적 공감 능력

감정적 공감(emotional empathy)은 다른 사람의 감정을 공유하여, 그 사람의 기쁨과 슬픔과 같은 감정표출을 함께 느끼며 더 깊은 수준에서 즉시 반응하고 이해할 수 있는 능력을 말한다. 인간이 본질적으로 가지고 있는 공감능력 중 하나로, 예를 들어 무서운 영화를 볼 때 상대가 겁을 먹거나 두려움에 고통스러워 하고, 무서움을 느낄 때 감정적 공감은 그의 마음상태를 읽고 그에 부합하는 내면의 고통을 함께 느끼고 이해하는 감정을 보이는 것이다. 누가 우는 것을 보면 함께 울어주고, 함께 화를 내준다거나, 고통스러운 사람을 보면 나도 함께 실제로 몸이 아픈 경우도 있다. 이렇듯 감정적 공감능력이 강한 사람들은 다른 사람들의 문제나 고통에 깊이 빠져들 수 있어, 때로는 자신이 직접 경험하는 것보다 더욱 정서적으로 빠져들어 자신의 감정을 손상시킬 수도 있다. 특히 상황을 해결할 수 없다고 느끼는 경우 더욱 그렇다. 이런 종류의 감정소진의 피로도 때문에, 감정적 공감에 너무 몰입하지 않도록 조절하는 노력도 필요하다. 그러나 오히려 인생의 많은 부분이 감정적 공감능력을 통해 행복을 느낀다고 한다. 감정적 공감은 상대의 고통과 아픔뿐만 아니라, 행복한 기억, 행복한 상태, 그리고 행복의 진정한 의미를 아는 사람과 함께 공감하면서 나도 행복을 느끼는 긍정적인 부분도 많기 때문이다.

공감능력은 인간관계에서 신뢰를 구축하고 친밀감과 소속감을 위한 전제조건이자 정직과 개방성을 개발하는 데 도움이 된다. 더불어 공감이 행동과 결합된다면 그 의미가 더욱 가치있게 될 것이다.

3. 공감과 동정

공감(empathy)을 종종 잘못 이해하는 경우가 있다. 이는 공감을 다른 사람의 불행에 대해 슬픔이나 연민을 느끼는 동정으로 오해하면 안 된다는 것이다. 동정(sympathy)은 남의 어려운 사정이나 처지를 이해하고, 자기 일처럼 딱하고 가엾게 여기는 마음으로, 정신적으로나 물질적으로 도움을 베푼다는 뜻이다. 동정은 상대방이 묻지 않은 조언을 하거나 무엇을 해야 하는지 알려주는 행위, 종종 개인의 판단이 수반되고, 상대의 대화에 표면적인 의미에 초점을 맞춘다. 그 사람의 상황에 자신의 감정을 묘사하고 주체가 상대이기보다는 내가 주체가 된다. 그러나 공감은 적극적인 경청이 포함된 마음으로 상대방이 그렇게 느끼는 이유의 근본 원인을 알기 위해 노력하고 그 상황을 잘 이해하여 그 사람의 입장에서 왜 그러한 감정을 가지게 되었는지 이해하는 것이 포함된다.

동정은 그 사람의 곤경에 대한 연민으로 "너무 불쌍하다", "너가 참 안 됐다"의 표현방식이라면 공감은 "너의 감정이 이해된다. 정말 힘든 상황이네"라고 표현된다. 이것은 사람이 듣고, 이해하고, 인정받는다고 느끼게 해주는 표현이다.

동정은 다른 사람이나 상황에 대해 나의 감정을 나타낸다. 그러나 공감은 나의 감정을 배제하고 다른 사람의 가정에 집중하여 상대의 관점에서 상황을 본다. 그 사람이 왜 슬픈지 이해하고, 그 감정이 어디에서 오는지 파악하고, 그 감정을 나의 것으로 내면화 하는 것이다. 조금이라도 그의 입장을 이해하려는 노력인 것이다.

〈표 8-1〉 동정과 공감의 차이

분류	동정(sympathy)	공감(empathy)
정의	타인의 불행에 대한 슬픔 연민	타인의 감정과 생각을 적극적으로 인지하려는 노력
마음가짐	남의 어려운 처지를 자기 일처럼 딱하고 가엾게 여김	상대가 생각하거나 느끼는 것을 이해하려는 마음
행동	남의 어려운 사정을 이해하고 정신적/물질적으로 도움을 베풂	정서적 고통을 겪고 있는 사람들의 상황 이해하고 반응
표현방법	묻지 않은 조언을 하여 무엇을 해야 하는지 알려주는 행위	적극적인 경청
	개인의 판단이 수반된 자신의 감정 표현	자신의 감정을 제거하고 다른 사람의 감정에 집중
반응	"참 불쌍하군요" "너무 안 되었구나"	"너의 감정을 이해할 수 있어" "매우 힘든 상황이구나"
초점	대화의 표면적 의미에 초점	비언어적 표현의 의미를 인식하고 이해

제4절 인지공감의 필요성

공감하고자 하는 마음이 우선이다. 스스로 공감 능력이 없는 것 같다고 느끼는 사람들도 실제로는 공감능력이 떨어지는 것이 아니라, 정서적인 감수성이 낮은 수치의 사람이 많다. 이는 정서적 감수성이나 민감도와 같은 감정 소통 능력 중의 일부가 기질적으로 타고나기가 적은 사람들이다. 모든 사람들이 눈물이 많고 감성정도가 높은 것은 아니기 때문이다.

공감이 잘 되지 않는 이유는 상대의 이야기가 '인지적'으로 이해가 되지 않는 경우가 많다. 개연성이 떨어지고 논리적이지 않다고 느껴지면서 몰입이 안 되니 이해가 안 되고, 이해가 안 되니 공감할 수 없게 되는 것이다. 공감과정에는 상대방의 대화를 이해하고 납득이 되어야 그 상황이나 상대의 마음을 충분히 느낄 수 있기 때문이다. 이러한 선행과정 없이 겉으로만 반응을 하려니 어렵다고 느끼는 것이다.

상대의 마음을 인지적으로 이해하기 위해서는 "그랬어? 내가 좀 더 이해하고 싶어서 그러는데 그 상황이 왜 생긴거야?" 물론 부드러운 말투로 공격적이지 않게 다시 물어보는 방법이 있다. 더 잘 이해하기 위해 하는 질문에 상대는 자신의 이야기에 관심을 가지고 더 알아보려고 한다는 그 자체로도 위안을 받을 수 있다. 그리고 자신의 상황을 다시 말하면서 자신의 마음을 돌아보고 스스로 문제를 재정리하게 된다. 상대의 상황을 이해했다면 그 후에는 느껴지는 마음을 그대로 담담하게 전달하면 된다. "그런 상황이었다면 정말 답답했겠네", "네가 왜 그랬는지 이제야 알겠네"와 같은 말로도 충분하다(최은영, 2021).

기업에서의 공감은 더욱 중요한 의미를 가진다. 효율성을 강조하는 기업은 조직의 발전을 위해 뛰어난 역량을 가진 인재들이 더 많은 성과를 향상시켜 주기를 바란다. 그러기 위해서는 진정으로 그들의 상황과 환경을 이해하고 문제를 해결해 주고, 공감해 줄 필요가 있다. 이는 조직의 리더들이 갖추어야 할 리더십의 기술이 '결과중심적' 사고와 더불어 업무성과 과정에서 나타나는 '사람중심적' 사고의 중요성을 강조하고 있다.

공감리더십은 다른 사람들의 필요를 이해하고 그들의 감정과 생각을 인식하는 능력을 갖는 것으로 성과지표에서는 그간 간과되어왔던 부분이다. 오늘날 성공한 리더는 다양한 팀, 부서, 국가, 문화와 배경의 사람들과 잘 협력하고 있었고, 직원들과의 관계와 성과를 향상시키기 위해 상호간에 진실하고 공감적인 관계를 유지하고 있었다.

1. 공감의 핵심 요소

1) 기업 차원에서의 공감

공감하는 기업의 첫 번째 핵심 요소는 **신뢰**이다. 회사가 공감할 때 그들의 직원들은 사무실 내부와 주변에서 일어나고 있는 일에 대해 솔직하고 정직한 것을 신뢰한다. 검증되지 않는 거짓 정보와 악성루머는 생산성 저하의 원인이 될 수 있고, 공감하는 기업들은 그것을 너무나 잘 알고 있다. 잠재적인 해고, 감원 또는 곧 있을 변화에 대해 공개적으로 말하기 전에 이러한 소문을 사전에 방지하고자 노력해야 한다.

리더가 숨기거나 거짓 없이 팀과 공개적으로 이야기할 때, 직원들은 그들의 개인적인 삶에서 무슨 일이 일어나고 있고 그것이 그들의 업무에 어떤 영향을 미치는지 더 편하게 공유한다. 공감하는 회사에서 직원들은 무엇이 그들을 무겁게 짓누르는지에 대해 말할 수 있을 만큼 충분히 안전하다고 느끼고 그러한 심리적 안전감은 생산성을 높이게 된다.

두 번째 요소는 **인내심**이다. 직장 내 대인관계에 있어 인내심은 다른 사람들의 요구나 실패에 대한 인내를 의미한다. 리더는 새롭게 팀에 합류한 멤버에 대해 학습속도가 느리고 이해하기 어려운 습관을 갖고 있거나 심지어 완전히 비생산적인 방식으로 업무를 처리한다고 생각할 수도 있다. 그러나 해당 멤버에 대한 인내심을 잃는 것은 상황을 더 악화시킬 수 있다. 직원에게 어떠한 업무를 위임할 때 다른 사람에 대한 인내심과 이해가 필수적이란 것이다. 리더가 자주 인내심 없는 모습을 보여준다면 리더를 오만하고 충동적인 다혈질의 사람으로 볼 수 있다. 이는 리더에 대한 불신을 키우고 리더는 잘못된 의사결정권자라고 생각하게 된다. 인내심은 단지 누군가가 그들의 생각을 끝내거나, 어떠한 일을 마치는데 있어 다른 사람보다 조금 더 오래 걸릴 것이라는 것을 이해하고 기다리는것만을 의미하지 않는다. 특히 직장에서의 인내는 스트레스와 갈등을 줄이고 더 나은 업무 관계로 이어지며 장기적인 삶과 직업목표를 달성하는 데 도움이 된다. 인내심이 없으면 공감도 어렵다.

세 번째 요소는 **상호 이해**이다. 사회가 복잡하고 다양해지는 만큼, 조직에서의 팀 구성원들도 연령, 인종적 배경, 종교적, 정치적 성향, 성 지향의 차이점이 다양해지고 있다.

이러한 다양성은 공감하는 문화를 가진 기업에서는 오히려 다양성의 차이를 핵심강점으로 보고 있다. 다양한 배경은 다양한 아이디어를 가져오기 때문에 의견차이라기 보다는 상대방의 관점으로부터 다른 의견을 살피는 창의적인 결과로 이어진다. 자신의 주변에 다양한 사람들이 존재한다면 그것을 배울 수 있는 기회로 여겨야 한다.

- 팀별 활동에서 핵심 가치에 대해 토론을 해보자. 대화의 흐름에서 공감이 섞여 있는지 살펴보자.
- 공감이 느껴지지 않는다면, 팀원들이 공감하도록 격려하기 위해 지금의 나는 어떤 행동에 변화를 줄 수 있는가?

2) 개인 차원에서의 공감

개인적인 관계에서의 공감의 핵심요소는 우선 상대에 대한 **관심**에서 시작된다고 할 수 있다. 공감은 상대의 다른 점을 인정하고 그의 삶을 이해하는 것인데, 관심이 있어야 그를 이해하고자 노력하고, 그의 감정을 존중하게 되기 때문이다. 관심과 배려로 상대의 마음의 문이 열리고, 감정이 통해야 공감이 되는 것이다.

우리는 흔히 "말이 안 통한다", "내 말을 전혀 이해하지 못 한다"는 말을 한다. 이런 말을 한다는 것은 상대와 내가 서로 공감을 전혀 하지 못하고 있다는 뜻이다. 나의 감정도 모르고 상대의 감정도 모른다. 자신의 감정을 충분히 표현하지 못하고 참고 억압하는 환경에서 성장했다면 자신의 감정을 표현하는 것이 어려울 수 있다. 더군다나 이런 사람은 명령조의 말투가 가득하다. 그러나 나의 성격이나 성장환경이 그렇다고 해서 "나는 원래 이런 사람이다"라고 단정 짓기보다 연습을 통해 대화 방법을 제대로 익힐 수 있다. 다음을 연습해 보자(박상미, 2020).

첫째, **"경청하기"**다. 상대가 하는 말을 집중하여 듣는 것으로, 나는 너에게 집중하고 있다라는 것을 느끼게 해주어야 한다. 눈을 마주치거나 고개를 끄덕이거나 표정으로 반응을 해준다. 말하는 도중 대화를 끊어 질문을 하거나 다른 일을 하면서 듣는 것은 자제해야 한다. 그냥 들어주고 있는 것이 아닌 경청이기 때문에 상대의 말 끝에 '아~~', '어머~~'처럼 맞장구를 치거나 상대의 말을 반복하면 더 좋다.

둘째, **"질문하기"**다. 상대의 말을 듣고 반응을 해주려다 보면 전혀 이해가 되지 않는 부분이 있을 수도 있다. 그러나 무작정 장단에 맞추기 위해 반응을 하는 것은 공감 없는 반응이 될 수 있다. 이럴 경우 이해가 안 되는 부분에 대해서 그 상황설명을 다시 질문한다. 상대는 자신의 상황을 설명하면서 스스로 그때의 상황을 객관적으로 볼 수 있고, 정리할 시간을 갖게 된다. 질문을 통해 상대는 내가 그의 말에 집중하고 있고 노력하고 있다는 것을 느끼게 된다.

셋째, **"감정 표현하기"**다. 상대의 이야기를 끝까지 듣고 내가 이해한 부분에 대해 나의 생각을 솔직하게 표현한다. 상대방은 표현하지 않으면 모르기 때문에 침묵하거나 표현을 하지 않으면 오해하거나 오히려 어색해질 수 있다. 상대의 기분에 대해 "그렇게 생각했었구나", "나한테도 똑같은 일이 일어난다면 나도 그럴 것 같아", "나는 이런 생각도 한 번 해 봤어" 등과 같이 진심어린 마음을 솔직하게 말하는 것이 좋다.

어떤 실수를 하거나 실패한 경우 가장 속상한 대상은 본인인데, 위로가 필요한 상황인데도 불구하고 "그럴 줄 알았다", "니가 그렇지 뭐", "너 왜 그랬니"라며 단정하는 것은 "너는 실수하고 실패하는게 당연한 부족한 사람"이라고 비난하는 행위와 같다. 물론 걱정이 되서 그렇게 말한 것일 수도 있다. 그러나 진심으로 상대를 걱정하는 마음이었다고 해도, 표현하는 방법이 잘못된 경우라면 바꾸어야 한다.

넷째, **"바꾸어 말하기"**다. 상대에게 명령하지 말고 부탁하는 대화 방법을 사용해 보자. 나의 '생각'을 말하지 말고 '소망'을 말하는 것이다. "김대리 그렇게 일하지마"라고 하는 대신 "김대리, 나는 말이야, 자네가 이렇게 행동하면 참 좋겠어. 혹시 그렇게 해줄 수 있겠나?", "철수씨, 왜 이렇게 했어? 이렇게 밖에 못 해?"라고 하는 것 보다는 "철수씨, 이렇게 하는 게 더 좋았을텐데 다음에는 이렇게 하면 어떨까?", 그리고 "넌 항상 그게 문제야. 내가 말하는 거 들었어 안 들었어, 또 딴 생각했지?" 라는 말 대신 "내가 생각할 때 너는 내가 하는 말을 무시하는 걸로 보여서 기분이 참 안 좋아, 내가 말하고 나면 니가 어떻게 생각하는지 말해 줄 수 있어?"다.

위와 같은 사례는 넘쳐난다. 인간관계에서의 오해나 대립은 서로의 생각이 충분히 전달되지 않고, 그 속도가 서로 다르다 보니, 싸우고 상처받고 힘든 것이다. 말을 바꾸어 말하는 연습은 관계를 살리는 공감대화법의 핵심이다.

다섯째, **"자기연민"이다.** 어떤 대상이나 어떤 일에 대해 화가 나거나 억울하거나 답답한 부정적인 감정은 시간이 지날수록 오히려 과장되는 특징이 있다. 부정적인 감정을 해소하지 못하면 자존감이라는 스스로의 마음에 상처를 입히게 될 수도 있다. 참으면 참을수록 생각하면 생각할수록 화가 나는 경우가 있다. 이런 경우 최악의 경우 관계를 끊어버리게 되는 상황이 생길 수 있다. 이러한 경험들이 많아지면 "나는 사람과의 관계가 어려운 사람이구나, 사람들과 어울리지 못하는 사람이구나. 난 사회성이 없다. 쓸모없다" 등과 같은 자격지심 혹은 피해의식이 생기게 된다. 이러한 자격지심은 타인의 말에 늘 민감하게 반응하는 자존감 낮은 사람이 돼 버린다. 결국 자신은 세상에서 가장 쓸모없는 사람이라고 생각하고, 타인의 말에 의존하게 되어 인지능력이 서서히 마비되어 간다. 처음에는 혼란을 겪다가, 스스로 부족한 사람이라고 인식하며, 늘 실수하는 사람, 지적받아야 하는 사람, 명령에 따르며 사는게 당연한 사람으로 생각하게 된다. 앞서 말한 가스라이팅을 당하게 되는 대상이 된다.

이를 극복하기 위해서 "나 자신을 사랑하기" 연습을 해야 한다. 그렇다고 자기연민이나 자기애가 너무 강하면 자기만족이 지나쳐 현실에 안주하기 쉽지만, 자기 비하가 심하여 패배주의가 되는 것보다는 낫다. 이렇듯 자기연민과 자기자비를 실천하는 사람은 가장 현실적으로 자신을 바라보고 보살피기 때문에 성장 가능성이 높다. 내가 나를 먼저 사랑하고 이해하고 용서해야 타인을 이해하고 사랑할 수 있게 되는 것이다.

진짜 공감

✶ 관심있는 대상에 대한 이해
✶ 감정이 통하는 대화
✶ 명령하지 말고 부탁하는 대화
✶ 자신의 감정표현 연습
✶ 인간관계를 위해 선행되어야 하는 자기연민

활 동

☞ 슬기로운 공감 생활, 너도 공감할 수 있어

> 예시) 고민사연 1
>
> 안녕하세요. 21세 대학생입니다. 여자친구는 항상 저에게 "문제해결을 해달라는게 아니라 공감을 해달라"고 합니다. 그래서 저는 나름대로 공감하는 방법에 대한 책도 읽고, 유튜브 영상도 보면서 공부를 했습니다.
>
> 그래서 책이나 영상에서 제시해주는 방법으로 "아~ 그랬구나, 네가 정말 화가 났구나", "그런 일이 있었구나~" 이렇게 했더니 여자친구는 더 화를 냈습니다. "어디서 AI 같은 영혼 없는 반응을 배워왔냐"며 짜증을 냅니다. 대체 어떻게 해야 하는게 공감인가요? 도대체 공감을 어떻게 해야 할지 모르겠습니다.

▶ 위의 예시를 보고 해결 방법을 제시해 보자.

학습평가

※ 다음을 읽고 알맞은 답을 찾아 (   ) 안에 넣으시오.

1. 다음 중 공감에 대한 설명으로 맞지 않은 것을 고르시오. (   )
① 상대방의 말을 경청하는 것
② 상대의 감정을 나에게 투영하여 하나로 동일시 하는 것
③ 상대의 상황을 이해하고 자신의 감정을 솔직히 표현해 주는 것
④ 상대를 존중하고 나를 사랑하는 것

2. 다음 중 관계를 살리는 공감 대화법으로 바르지 않은 것을 고르시오. (   )
① 자신의 감정을 우선 알아야 한다.
② 명령하지 말고 부탁의 표현방법으로 바꾸어야 한다.
③ 상대에게 관심을 가져야 한다.
④ 전혀 이해가 안 될때는 침묵도 하나의 방법일 수 있다.

3. 다음 중 경청의 방법으로 맞지 않은 것을 고르시오. (   )
① 상대의 말이 이해가 되지 않을 때는 바로 질문을 한다.
② 상대방의 말을 들으면서 반복해준다.
③ 대화를 듣고 나의 기분을 말해준다.
④ 상대방의 기분을 따라서 다시 표현준다.

4. 다음 중 기업차원의 공감이 아닌 것은 무엇인가? (   )
① 신뢰   ② 응원
③ 인내심   ④ 상호이해

5. 다음 중 인지공감 능력의 특성이 아닌 것을 고르시오. (   )
   ① 정서적 감수성의 기질이 높다.
   ② 감정소통 능력이 다소 떨어진다.
   ③ 논리적으로 이해가 되지 않을 때 발생한다.
   ④ 감정을 표현하기 보다는 참고 억압하는데 익숙하다.

※ 다음이 설명하는 것이 무엇인지 쓰시오.

6. 기업의 성과지표에서 그동안 간과되어 왔으나, 오늘날 다양한 팀, 부서, 국가, 문화와 배경의 사람들과 잘 협력하여 직원들과의 관계를 개선하고 성과를 향상시키는 데 필요한 능력이다. 상호간에 진실하고 공감적인 관계를 유지하여, 다른 사람들의 필요를 이해하고 그들의 감정과 생각을 인식하는 능력을 갖는 것이다. 이것은 무엇인가? (   )

7. (   )은 다른 사람이나 상황에 대해 나의 감정을 나타낸다. 그러나 (   )은 나의 감정을 배제하고 다른 사람의 감정에 집중하여 상대의 관점에서 상황을 본다. 그 사람이 왜 슬픈지 이해하고, 그 감정이 어디에서 오는지 파악하고, 그 감정을 나의 것으로 내면화하는 것이다. 조금이라도 그의 입장을 이해하려는 노력인 것이다.

8. 상대에게 명령하지 말고 부탁하는 대화 방법을 사용하여 다음의 대화를 바꾸어 보자.

Q1. "김대리 그렇게 일하지마"
A1. (   )
Q2. "철수씨, 이거 왜 이렇게 했어? 이렇게 밖에 못 해?"
A2. (   )
Q3. "넌 항상 그게 문제야. 내가 말하는거 들었어 안 들었어, 또 딴 생각했지?"
A3. (   )

제 9 장
책임감

Personality Development

학습 목표

※ 일반 목표 ※

미래 건강한 직업인으로의 성장을 위해
올바른 인성과 도덕적 판단을 숙지한다.
직장생활에서의 책임감에 대해 이해하고 실행할 수 있다.

※ 세부 목표 ※

1. 책임감의 정의를 설명할 수 있다.
2. 조직과 사회에 긍정적인 변화를 주는 책임감의 사례를 발표할 수 있다.
3. 올바른 인성과 도덕적 판단력을 구비한 인재상을 설명할 수 있다.

주요 용어

#올바른인성 #책임 #책임감 #도덕적성품 #창의적인재

제9장 요약 정리

1. 책임은 자신이 행사하는 모든 행동의 결과를 부담하는 것이다.
2. 책임감은 나에게 부여된 역할, 임무에 대해 그 결과의 책임을 중하게 여기는 마음이다.
3. 개인적 책임감은 개인의 모든 행위의 결과를 짊어지는 것이고, 사회적 책임감이란 이타적인 마음으로 사회의 공공선을 추구하고자 하는 마음이다.
4. 자신의 위치와 역할에 따라 서로 다른 책임이 부여되고, 그 책임을 다하기 위해 시간과 노력이 필요하다.
5. 인생에서 수행하는 모든 역할에 대해 만족할만한 결과를 얻기 위해서는 우선순위의 균형을 맞춰야 한다.
6. 조직에서는 원활한 업무와 협업을 위해 R&R을 하고 있다.
7. R(Role) & R(Responsibility)은 역할과 책임을 명확하게 규정하는 것이다.
8. 명확한 직무기술서를 작성하고 자신의 역할이 무엇인지 스스로 알아야 책임감을 가지고 업무를 진행할 수 있게 된다.

제1절 책임감의 의미

　책임감은 자신이 행사하는 모든 행동의 결과를 부담하는 것으로 나에게 부여된 임무나 의무 혹은 어떤 일에 관련되어 그 결과의 책임을 중하게 여기는 마음을 말한다.
　자신의 자의적인 행동으로 인한 책임소재를 부여하기 위해서 책임을 져야 할 문제가 발생했을 경우, 본인 스스로 짊어진다는 뜻이다. 이러한 책임감은 개인적인 책임감과 사회적인 책임감으로 나누어 볼 수 있다.
　우선 개인적 범주에서의 책임감이란 개인이 맡은 바를 완수하는 책임에 대해, 의도했든 의도하지 않았든 자신이 행하는 모든 행위의 결과를 짊어지는 것을 개인적 책임감이라고 한다. 이에 반해 사회적 책임감은 개인적 이익이나 목표가 아닌 이타적인 의식을 기반으로 사회의 공공선을 추구하고자 하는 특성이 있다. 사회구성원의 복지에 관심과 의무감을 갖고, 개인의 행동이 사회에 도움이 되도록 적극적으로 행동하는 태도를 말한다(Conrad & Hedin, 1991).
　따라서 개인적으로나 사회적으로나 책임감 있는 태도는 중요하고, 이를 위해서는 부지런하고 성실함이 기본돼야 한다. 자신의 맡은 역할이나 의무에 대해 최선을 다하고, 그 결과에 대한 책임감 있는 태도를 가져야 한다.

제2절 책임과 역할

　책임을 지는 사람이란 성실함을 기본으로 한다. 학생으로의 역할에 책임을 지기 위해 수업시간을 엄수하고 교수에게 인사를 잘하고, 조별활동 모임에서 자기가 맡은 부분에 대해 그 역할을 다하는 것이 학생으로의 책임을 다하기 위한 노력이다. 이러한 성실함으로 자신의 의무를 다할 때 비로소 그 권리도 생기게 되는 것이다. 우리는 하나의 사람이지만 삶에서 다른 역할을 한다. 부모님의 자녀이자, 사랑하는 남편이자, 자녀의 어머니, 회사에서는 중요한 책임자이자 이웃에서는 지역사회 구성원이며, 좋은 시민이기도

하다. 그 외의 자신의 위치에 따라 더 많은 역할이 있을 수 있다. 이렇듯 모든 역할에는 서로 다른 책임이 부여되며 다양한 역할로 인해 자신이 맡은 책임을 다할 때는 충분한 시간을 할당해야 한다. 인생에서 수행하는 모든 역할에 대한 기여에 만족하도록 우선순위의 균형을 맞추는 것이 무엇보다 중요하다.

조직에서는 원활한 업무와 협업을 위해 각 부서나 담당자들이 R&R(Role and Responsibilities)을 한다. 역할(Role)과 책임(Responsibility)에 대해 명확하게 규정하는 것으로, 어떤 문제가 발생하게 되면 잘못에 대한 책임을 담당자가 책임감을 가지고 반응(Response)하는 것이다. 따라서 협업이 중요해지는 만큼 명확한 직무기술서가 있고 자신의 역할이 무엇인지 스스로 알아야 하고, 상급자는 업무를 좀 더 명확하게 지시해야 한다. 이를 위해 다음의 단계를 거친다.

> R(Role)&R(Responsibility)
>
> ※ 1단계 : **직무프로파일**(직무기술 + 직무 명세서) 작성하기 업무에 대한 명확한 규명을 한다. 업무를 정확하게 설명하고 모두 수긍해야 결과에 따른 책임(Accountability) 소재를 따질 수 있다.
>
> ※ 2단계 : 자신의 **역할**에 따라 어떤 **책임**이 뒤따라 오는지 알고 있어야 한다. 책임감이 생겨야 역할에 충실하고 업무의 결과를 책임지고 대처할 수 있다.
>
> ※ 3단계 : 구성원들이 모두 **책임감**을 가지고 일할 때 관계와 협업이 원활하게 이루어진다.

책임에 대한 유형을 위와 같이 나눈다면 남의 탓으로 돌리거나 스스로 변명하는 것은 더이상 통하지 않는다. 잘잘못을 떠나 자신이 연관되어 있다면 자신을 돌아보고 자신이 어떤 반응을 보여야 하는 것은 스스로의 선택이자 그의 인성이 될 것이다.

제3절 책임감의 활동 사례

 협력은 사람과 사람이 모여 각자의 역할을 가지고 소임을 다하는 상호작용이다. 이러한 협력에 참여하여 내가 수행하는 행동에 대해 책임을 지는 마음가짐을 책임감이라고 한다. 명확한 역할에 대해 책임을 지도록 했을 때 스스로가 성실하게 최선을 다할 수 있다. 내가 생각하는 책임감의 대표적인 사례들을 생각해 보자.

예) 조별 활동에서의 책임감

- 명확한 직무 역할 정하기
- 업무 분담하기
- 스스로 동기부여 만들기
- 내가 하고 있는 일에 대해 계획짜기
- 자기만의 업무 메모장 만들기

1. No 거절의 방법

 자신이 할 수 있는 일과 할 수 없는 일을 알아야 한다. 무조건적인 부탁이나 업무의 할당에 대해 거절을 하지 못해 책임을 떠맡고 결국 자신의 능력 밖의 일에 관여되어 돌이킬 수 없는 실패와 좌절을 경험하게 된다면 스스로의 자존감을 하락시키는 트라우마로 남을 수 있다.
 인성의 잘못된 이해는 무조건 상대의 부탁을 들어줘야 한다는 것이다. 상대의 부탁을 잘 들어주면 인성이 좋고, 거절하면 인성이 안 좋은 것인가? 이것은 인성과 전혀 다른 맥락으로 사회생활에서의 거절은 반드시 필요하다. 오히려 자신만의 거절방법을 가지고 있어야 한다. 스스로의 행복과 자존감을 높이기 위해 나의 가치관을 기준으로 정확한 판단을 하는 것이 좋다. 나는 거절을 할 수 있는 사람인가? 거절을 잘 못 하는 사람인가? 부드럽게 거절을 할 수 있는가? 분위기를 망치는 거절로 평판이 안 좋은 사람인가?

물론 기분 좋은 거절이란 없다. 어차피 결국은 상대의 의견을 혹은 부탁을 내가 수용해 줄 수 없기에 상대는 결과적으로 안 좋을 수밖에 없다. 그러나 내가 할 수 없는 상황이나 능력 밖의 일이라면 더 큰 문제를 야기시킬 수 있으니 다음의 방법을 활용해 보자.

1) 상황 설명하기

내가 가능하지 못한 상황이나 능력이 없음을 솔직하게 말하는게 좋다. 물론 구구절절 너무 장황하게 긴 설명은 핑계처럼 보일 수 있으니, 상대의 시간을 뺏지 않는 선에서 나의 입장을 이해시킨다.

물론 상대방이 나에게 부탁을 하는 것은 행복한 일이다. 내가 누군가를 도울 수 있다는 것은 그만큼 내가 가치가 있는 사람일 수 있기 때문이다. 그러나 그저 나를 이용하려는 방법이거나 내가 할 수 없는 과중한 부탁인 경우는 정중하게 거절을 하는게 좋다. "지금은 좀 바쁜데, 나중에 얘기하자", 혹은 "누구누구에게 말해봐"라는 식의 말은 하지 않도록 한다. 이는 내가 거절했음에도 불구하고 이를 무시하고 계속해서 요구하거나 기대감을 갖게 할 수가 있다. 거절을 할 때는 명확하고 단호하게 하도록 하자.

상대방의 부탁을 들어주지 못해서 미안하고 안타까운 마음이 진심이라면 상대방도 그 마음을 느낄 수 있을 것이다. 진심으로 솔직하게 말하는 것이 최선이다.

2) 먼저 나서지 않는다.

직장생활에서 상사의 제안이 누가 봐도 실행이 어려운 경우가 있다. 이런 상황에서 아무도 "No" 혹은 "아니요"의 말을 하지 못하고 있다. 나는 어떻게 할 것인가?

내가 총대를 메고 선두에 서서 용기있게 상사에게 No를 할 것인가? 이것은 용기인가? 결론부터 말하자면 그렇지 않다. 누가 봐도 당연하게 안 된다고 해야 하더라도 자신의 객기로 나서지 않는 것이 좋다. 무조건 눈치만 보는 것도 안 좋지만, 내가 지금 나서서 대표로 발언을 할 위치인가를 봐야 한다. 그 업무에 대해 책임과 권한이 있는 직책의 담당자가 대표로 말을 하는 것이 가장 좋다. 그러나 책임자가 책임을 회피하거나 그럴만한 역량이 되지 않아, 거절을 못 해 감당할 수 없는 일거리가 우리에게 떠밀려 온다면 그때는 다시 생각해 볼 필요는 있다. 그러나 그 자리에서 바로 내가 나서서 No를 하지는 않는다. 회의가 끝난 후 팀원들과 회의를 거쳐 공동의 의견으로 No를 하는 것이 좋다.

3) 싫어하는 사람의 부탁

내가 해 줄 수 있는 일이고 없는 일이고를 떠나 내가 싫어하는 사람이 부탁을 한다면 바로 거절하고 싶을 것이다. 그러나 거절하기 전에 일단 마음속으로 셋을 세어보자. 그 사람에 대한 감정이 직접적으로 표현되어 나올 수 있기에 잠시 시간적인 호흡을 하는게 좋다. 내가 싫어한다고 해서 인간적으로 무시하거나 직접적인 싫은 표현을 해서는 안되기 때문이다. 그리고 상대방에게 내 마음을 솔직하게 말한다. 물론 "니가 싫어, 그래서 네가 하는 부탁은 들어주기 곤란할 것 같아" 라고 말하기 보다는 "내가 지금 해결해야 할 일로 많이 바빠, 미안해!"라고 돌려서 말하는 것이 좋다. 내가 충분히 해줄 수 있는 일이라는 것을 상대도 알겠지만 이것은 능력의 문제가 아니라 둘 사이의 관계나 감정의 문제로 내가 싫다면 거절을 해도 괜찮다.

착한 사람이 되고 싶다는 생각에 무조건 부탁을 들어주는 것은 필요할 때만 이용당하는 호구가 될 수 있다.

이렇듯 거절은 대상에 따라 방법과 대화기술이 달라진다. 딱 하나의 방법을 효과적이라고 말할 수는 없으나 정중하게 진심을 다해 자신의 상황을 솔직하게 말한다면 오해없이 이해가 될 것이다. 더불어 상대방을 배려하고 도와줄 수 있는 부분을 해주는 것은 좋지만, 자신의 마음과 기분까지 고려하지 않은 도움은 향후 더 큰 배신과 아픔으로 남을 수 있기에 자신의 감정에도 솔직해지는 것이 좋다.

부탁 거절하는 방법(셀프컴퍼니)
https://www.youtube.com/watch?v=2rlGQNsOFkU

부탁을 거절하는 기술

1. 목소리 톤을 바꾸지 않는다.
2. 대처가 어려울 경우, 그 자리에서 확답하지 않는다.
3. 부담을 가져가기 싫다면 그 자리에서 거절한다.

부탁을 거절했음에도 계속 부탁을 하는 무례한 경우가 있다. 처음부터 거절을 거절하겠다는 협상전략이나 영업전략으로 사용하는 경우이다.

그래도 계속 부탁할 경우

※ 죄송합니다. 안되겠습니다.
※ 도와드리고 싶지만 어쩔 수 없네요.
※ 침묵, 대꾸하지 않고 하던 일을 계속한다.

나의 대응방식에 대해 너무한다고 탓한다면 "이유가 있어서 거절했는데, 너무하시네요. 요청을 못 들어줄 수도 있지 않나요? 계속 부탁하시는 게 너무 하시는 거 같습니다"라고 딱 잘라 말해야 한다. 그렇지 않으면 작은 부탁으로 수정해서 다시 부탁을 한다. 처음 부탁을 거절했으니 이거라도 해 달라, 다음번에는 들어달라는 식으로 착한 사람들의 양심의 가책을 느끼게 하거나, 미안해하는 마음을 파고드는 방법이다.

너무한다고 탓한다면

※ 이유가 있어서 거절했는데, 오히려 저에게 너무하시네요.
※ 요청을 못 들어줄 수도 있지 않나요?
※ 같은 말을 반복하고 싶지 않습니다. 죄송합니다.

활 동

▶ 현재 자신이 맡고 있는 역할을 모두 써보자.

▶ 학생의 역할에서의 책임은 무엇인지 써보자.

▶ 내가 부탁을 거절했던 경험에 대해 써보자.

학습평가

※ 다음 문제를 읽고 맞는 답을 고르시오.

1. 다음 중 '책임감'의 의미가 다른 것을 고르시오. ( )
　① 자신이 행하는 모든 행동과 행위의 결과를 짊어지는 것
　② 나에게 부여된 임무나 권한에 대해 지켜야하는 의무적인 마음
　③ 업무를 지시하는 상급자만 가져야 하는 마음
　④ 역할에 따라 달라질 수 있다.

2. 원활한 협업을 위해 우선적으로 해야 하는 활동으로 맞는 것을 고르시오. ( )
　① 명확한 목표 설정하기
　② 업무 분담하기
　③ 내가 맡은 역할에 대해 계획짜기
　④ 업무 메모장 만들기

3. 업무협업을 위한 '역할(Role)과 책임(Responsibility)'을 규정하기 위한 설명으로 틀린 것은 고르시오. ( )
　① 1단계 : 직무프로파일 작성하기
　② 2단계 : 역할에 따른 책임 숙지하기
　③ 3단계 : 업무 결과에 대한 책임감 가지기
　④ 3단계 : 팀장은 책임감을 가지고 일하기

4. 내가 책임질 수 없는 일에 대해 거절하는 방법으로 바른 것을 고르시오. ( )
　① 내가 좋아하는 사람인지, 싫어하는 사람인지 먼저 선택한다.
　② 용기있게 동료들을 대표해서 내가 거절한다.
　③ 착한사람이 되고 싶다는 생각에 일단은 대답하고 기한을 미룬다.
　④ 나의 상황을 설명하고 친절하지만 단호하게 잘라 말한다.

제9장 책임감　171

5. 다음 중 부탁을 거절하는 기술로 바르지 않은 것을 고르시오.   (   )
   ① 오랫동안 부담을 가져가기 싫다면 그 자리에서 거절한다.
   ② 목소리 톤을 바꾸지 않고 유지한다.
   ③ 대처가 어려울 경우 그 자리에서 바로 확답하지 말고, 가족과 상의하거나 조금 더 생각해 보겠다고 하고 시간을 갖는다.
   ④ 침묵한다.

6. 부탁을 거절했음에도 계속해서 무례한 요구를 하는 경우가 있다. 이러한 방법은 주로 영업전략이나 협상전략에서 사용하는 것으로 처음에는 큰 부탁을 하고, 거절되었을 경우 좀 더 작은 부탁으로 수정하여 거절하지 못하게 하는 방법이다. 이러한 경우 대처법을 쓰시오.

SWOT 분석

  기업의 환경분석을 통해 강점(strength)과 약점(weakness), 기회(opportunity)와 위협(threat) 요인을 규정하고 이를 토대로 마케팅 전략을 수립하는 기법. 어떤 기업의 내부환경을 분석하여 강점과 약점을 발견하고, 외부환경을 분석하여 기회와 위협을 찾아내어 이를 토대로 강점은 살리고 약점은 죽이고, 기회는 활용하고 위협은 억제하는 마케팅 전략을 수립하는 것을 말한다.

  이때 사용되는 4요소를 강점·약점·기회·위협(SWOT)이라고 하는데, 강점은 경쟁기업과 비교하여 소비자로부터 강점으로 인식되는 것은 무엇인지, 약점은 경쟁기업과 비교하여 소비자로부터 약점으로 인식되는 것은 무엇인지, 기회는 외부환경에서 유리한 기회요인은 무엇인지, 위협은 외부환경에서 불리한 위협요인은 무엇인지를 찾아낸다. 기업 내부의 강점과 약점을, 기업 외부의 기회와 위협을 대응시켜 기업의 목표를 달성하려는 SWOT분석에 의한 마케팅 전략의 특성은 다음과 같다.

① SO전략(강점-기회전략): 시장의 기회를 활용하기 위해 강점을 사용하는 전략을 선택한다.
② ST전략(강점-위협전략): 시장의 위협을 회피하기 위해 강점을 사용하는 전략을 선택한다.
③ WO전략(약점-기회전략): 약점을 극복함으로써 시장의 기회를 활용하는 전략을 선택한다.
④ WT전략(약점-위협전략): 시장의 위협을 회피하고 약점을 최소화하는 전략을 선택한다.

Personality Development

　학자에 따라서는 기업 자체보다는 기업을 둘러싸고 있는 외부환경을 강조한다는 점에서 위협·기회·약점·강점(TOWS)으로 부르기도 한다.

내적 요소 외적요소	강점(Strengths)	약점(Weaknesses)
기회 (Opportunities)	SO 전략	WO 전략
	기회를 얻기 위해 강점을 활용하는 전략	약점을 극복하고 기회를 살리는 전략
위협 (Threats)	ST 전략	WT 전략
	위협을 피하고 강점을 활용하는 전략	약점을 최소화 하고 위협을 피하는 전략

출처 : 네이버 지식백과 시사경제용어사전 인용

제 10 장
사랑

Personality Development

학습 목표

✤ 일반 목표 ✤

인성덕목으로의 사랑을 이해하고
사례를 통해 설명할 수 있다.

✤ 세부 목표 ✤

1. 사랑의 종류와 개념을 설명할 수 있다.
2. 사랑의 구성요소를 설명할 수 있다.
3. 인성 덕목으로의 사랑 실천

주요 용어

#사랑   #성장   #관심   #의지   #관용

제10장
요약 정리

1. 사랑은 상호 인격적인 애정에서 단순한 즐거움까지를 아울러 누군가를 좋아하고 소중히 여기는 긍정적으로 경험된 감정적·정신적 상태이다.
2. 인성 덕목으로의 '사랑'은 나 스스로를 먼저 사랑하는 '자기애(自己愛)'를 바탕으로 인간에 대한 깊은 이해와 동료의식이다. 또한 다른 사람의 행동을 판단하거나 비방하지 않고 상대의 개성을 존중하는 관용적 태도이다. 사랑의 대상은 사람에게 국한되지 않고 자연, 환경, 우주까지도 확장되는 개념이다.
3. 심리학자 로버트 스턴버그의 '사랑의 삼각형 이론'에 의하면 사랑은 친밀감, 열정, 책임을 포함한 헌신이라는 요소로 구성된다.
4. 인성교육으로의 사랑은 '자기사랑', '타인사랑', '공동체사랑', '환경사랑'으로 나누어 실천할 수 있다.
5. 자기사랑은 자기를 알고 자신의 역량을 개발하여 스스로 만족할 수 있는 삶을 사는 것을 포함한다.
6. 타인을 위한 사랑은 배려를 포함하여 공공장소에서의 예절, 온라인에서의 매너, 정서적인 부분의 공감을 포함한다.
7. 공동체 사랑은 지역사회를 포함한 사회 전반에 대한 이타적인 인식을 바탕으로 봉사활동, 불우이웃 돕기와 같은 기부문화 형성, 그리고 사회적 기업과 같은 사회적 책임활동을 포함한다.
8. 환경사랑은 자연을 훼손하지 않고, 기후변화에 대응하기 위한 솔선수범을 포함한다. 내 주변의 시설이나 비품을 아끼고 절약하는 실천부터 선행되어야 한다.

Personality Development

제1절 사랑의 이해

사랑이란 국어사전의 정의를 보면, 상호 인격적인 애정에서 단순한 즐거움까지를 아울러 누군가를 좋아하고 소중히 여기는 마음이다. 성적(性的)으로 이끌려 열렬히 좋아하는 마음의 상태일 수도 있고, 부모나 스승 또는 신(神)이나 윗사람이 자식이나 제자 또는 인간이나 아랫사람을 아끼고 소중히 위하는 마음의 상태를 말한다. 즉, 긍정적으로 경험된 감정적·정신적 심리상태이다. 그러나 인성교육으로 보는 '사랑'은 기존의 여러 키워드로 제시된 인성덕목들을 아우르는 현대적 개념으로 타인을 존중하는 마음과 배려, 환경 또는 개인과 개인의 관계를 형성하는 '소통'을 포괄하는 개념으로 볼 수 있다. 인간을 인간답게 하는 인성에 대한 많은 연구에서 밝혀진 바는, 타고난 성품의 전부를 바꿀 수는 없으나 교육을 통해 많은 부분 개선될 여지가 충분하다는 것이다. 사랑이라는 인성 덕목은 현재 제도교육내 인성교육에서 공통적으로 추구하는 예, 효, 정직, 책임, 존중, 배려, 소통, 협동을 포괄하는 현대적 개념으로 접근할 수 있다.

사랑은 어떤 사람이나 존재를 몹시 아끼고 귀중히 여기는 마음, 소중하다고 여겨지고 상대를 이해하고 돕는 마음이다. 자신이나 다른 사람의 정신적 성장을 돕기 위해 자아를 확장하려는 의지이자 자신의 성장, 발전과 더불어 다른 사람도 사랑할 수 있고 그로 인해 타인과의 원만한 관계를 형성하는 것이 포함된다(장미희, 1995).

Allport(1961) 또한 사랑이란 인간 조건에 대한 깊은 이해와 동료의식이며, 다른 사람의 행동을 판단하거나 비방하지 않고 관용적인 태도를 가지며 그들의 행복에 대한 지속적인 관심을 가지는 심리상태로 정의하였다(Nicholson, 1998 재인용). 같은 맥락에서 인성교육진흥법 제2조에도 '자신의 내면을 바르고 건전하게 가꾸며 타인, 공동체, 자연과 더불어 사는 데 필요한 인간다운 성품과 역량을 기르는 것을 목적으로 하는 교육'으로 인성교육의 정의를 명시하고 있다.[3] 이를 종합하여 인성덕목으로의 '사랑'에 대해 정의하면 다음과 같다.

---

[3] 인성교육진흥법 [시행 2015.7.21.] [법률 제13004호, 2015.1.20., 제정].

> 인성교육 덕목으로의 '사랑'
> * 사랑은 본성이며 인간의 삶에 있어 근본이 되는 것
> * 사랑은 자기 사랑이 바탕이 되어 타인의 잠재능력의 개발과 성장, 평안과 안녕을 도와주고자 하는 자발적인 열의와 관심
> * 사랑은 상대방의 개성을 존중하고 비판함이 없이 그대로 받아들이는 것
> * 사랑의 대상은 사람에게 국한되는 것이 아니며, 자연, 우주까지도 확장되는 것
>
> 출처 : 대림대 인성TF 자료집 인용

지나친 개인주의로 인한 도덕적 가치의 하락과 인간관계의 몰락과 같이 공동체적 삶의 위기를 나와 타인, 공동체, 환경을 사랑하는 마음으로 지행합일(知行合一)의 사랑을 이해하고 실천해 보자.

제2절 사랑의 구성요소

사랑에 대해 분석적이고 과학적인 방법으로 접근한 스턴버그(Sternberg)는 사랑을 특정 인지, 감정, 충동 결합의 구성이라고 했다. 그는 '사랑의 본질'이라는 논문에서 사랑을 삼각형의 형태로 볼 수 있다는 삼각이론을 발표했다. 즉, 사랑의 세 가지 구성요소로 친밀감(Intimacy), 열정(Passion), 책임/헌신(Decision/Commitment)으로 배치했다(최연실 편역, 2001).

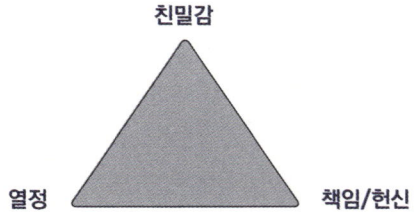

[그림 10-1] 사랑의 세 가지 구성요소

세 가지 요소로 구성된 '사랑이론'은 삼각형의 면적(크기)이 사랑의 강도나 양을 반영하며, 세 요소가 균형 있게 증가할 때 사랑이 최대한 커져서 '완전한 사랑' 또는 '성숙한 사랑(Consummate)'에 도달된다(이군자, 2009). 이러한 속성을 인성교육의 측면에서 해석해 보면 다음과 같다.

1. 친밀감

친밀감(Intimacy)은 사랑하는 관계에서 나타나는 가깝게 연결되어 있으며 결합되어 있다는 느낌을 말하며, 다음과 같은 지표가 포함된다(류소, 2002).

친밀감

① 사랑하는 이의 복지를 증진시키기를 열망함.
② 사랑하는 이와 함께 행복을 경험함.
③ 사랑하는 이에 대해 존경심을 가짐.
④ 필요할 때 그에게 기댈 수 있음.
⑤ 서로 이해함.
⑥ 상대와 자신 및 자신의 소유를 나눌 수 있음.
⑦ 상대로부터 정서적 지지를 받음.
⑧ 상대에게 정서적 지지를 줌.
⑨ 상대와 친밀한 의사소통을 함.
⑩ 자신의 삶에서 사랑하는 이의 가치가 높게 평가됨.

---

2. 열정

열정(Passion)은 사랑하는 관계에서 발생하는 로맨틱한 감정으로 정신적, 신체적 매력과 연관된다. 일반적으로 성적 욕구를 의미하기도 하지만 포괄적으로는 자기존중욕구, 다른 사람과의 친애 욕구, 다른 사람에 대한 지배 욕구와 복종 욕구, 자아실현의 욕구

등도 열정과 연관되어 중요한 역할을 담당한다.

3. 책임/헌신

책임/헌신(Decision/Commitment)은 인지적 속성으로서 단기적으로는 사랑을 결심하는 것에서 시작하여 장기적으로는 그 사랑을 지속하는 것이 포함된다. 대개 책임이 헌신보다 선행하며, 사랑이 지속될 경우 헌신으로 발전하게 된다.

결과적으로 사랑의 구성요소를 살펴보았을 때, 이것은 적절한 대인관계와 사회인으로서의 기능, 애정을 교환하는 것을 통한 개인의 생활만족도 향상이라는 순기능을 담당함을 알 수 있다. 사랑의 구성요소가 균형 있게 발전하게 되면 자아실현이 가능하며, 이를 통해 발생한 정서적, 인지적, 감정에 대한 자아기능 관련 요인들은 개인적 존재감과 행복감을 극대화시키는 시너지 효과를 발생시키는 것이다.

제3절 사랑의 실천

「인성교육진흥법」제2조에서는 인성교육의 목적을 "자신의 내면을 바르고 건전하게 가꾸며 타인, 공동체, 자연과 더불어 사는 데 필요한 인간다운 성품과 역량을 기르는 것"으로 명시하고 있다. 이에 사랑이라는 인성의 덕목에서는 자신을 사랑하고, 타인을 사랑하고 환경을 사랑하는 실천을 수행해 보고자 한다.

1. 자기사랑

사랑의 시작은 도덕적 자기인식과 양심, 자아존중감, 자아통제, 자기개발이다(이윤선 외, 2013). 또한 내면적, 외면적으로 끊임없이 자신을 완성해 나가는 것은 인생의 궁극적 목표이기도 하다. 자기사랑(自己愛)은 개인의 성격이 반영된 도덕성과 일맥상통하며, 이러한 관점에서 보면 자기애는 자신의 내면적 요구와 사회 환경적 필요를 조화시킴으로써 세상에 유익함을 미치는 인간의 특성이다(전재선·최종욱, 2012).

자기애(愛) 혹은 자아존중감을 향상시키기 위해 자기를 이해하는 것은 중요하다. 앞서 인성의 첫 번째 덕목으로 자아인식에서 사용한 'MBTI 성격유형검사'와 'U&I 학습유형검사'를 통해 자기애가 자기개발로 이어질 수 있도록 하는 것도 좋은 방법 중 하나이다.

'MBTI 성격유형검사'는 Jung의 심리유형 이론에 입각하여 개발된 프로그램으로, 자신과 타인을 이해하고 개인들에게 내재되어 있는 심리적 강점과 긍정적인 잠재력에 대한 통찰을 높이는 데 도움이 된다. 즉, 성격의 차이점을 경험함으로써 인간관계에서 발생하는 갈등에 대한 기본적인 대안을 마련하고 자신의 심리적 정체성에 대해 긍정적 사고를 하도록 이끌어준다(김정택 외, 1995).

'U&I 학습유형검사'는 자신의 네 가지 '기질' 유형에 따른 학습유형을 알고 실천하는 것으로서, 사랑과 인성에 대한 지식적 측면에 접근하는 본인을 이해하는 데 도움이 될 수 있다.

2. 타인사랑

사랑은 타인과의 관계에서 경험할 수 있는 가장 행복한 감정으로, 타인에 대한 사랑은 그 사람의 개성과 고유한 특성을 알아주고 이해하려는 마음에서 시작된다.

학교에서는 교수에 대한 존경, 학우들에 대한 존중, 즉 앞서 공부한 '존중(Respect)'이 사랑의 핵심 요인이다. 자기애(自己愛)를 기반한 타인애(他人愛)는 자신을 스스로 존중하면서 상대 역시 그 존재만으로도 존중할 가치가 있음을 인식하고, 그 가치에 대해 자신의 존중과 동일시하여 상호간의 성장과 발전을 지속하는 감정적 애착이라고 할 수 있다(김경순, 2002). 이러한 사랑, 즉 타인애(他人愛)는 너와 나의 관계에서 갈등이 발생하였을 때 도움이 된다. 서로간의 믿음인 '사랑'의 근간이 흔들릴 때 그것이 '틀림'이 아니라 '다름' 임을 알고, 다시 한번 상황을 돌아본다면 갈등의 해결이 더 쉬워지기 때문이다. '사랑(타인애, 他人愛)'은 타인을 배려하고 존중이 포함되어야 함을 알고 서로를 위한 정서적 지지와 격려를 실천하는 것이다.

3. 공동체사랑

공동체사랑은 인성의 덕목 중 배려와 연관된 관계적 인성 역량을 의미한다(최경희, 2014). 관계적 인성 역량에는 배려를 비롯하여 관용, 존중, 공감, 신뢰, 소통 등이 포함된다. 특히 Williams와 Schaps(1999)는 학생들이 공동체의 가치와 목적을 경험해 보고, 역할을 수행하면서 판단력과 자기통제 능력 등을 학습할 수 있다는 점에서 배려 공동체가 학생의 인성에 핵심이 된다고 보았다(황지현, 2016 재인용).

인성교육의 측면에서 보면 학교라는 울타리에서 공동체적인 사랑을 인식한다면 학교생활과 학업을 더욱 알차게 할 수 있다. 예를 들어 대림대학교는 Active(성실한 교양인), Creative(창의적 기술인), Ethical(근면한 직업인)이라는 공동체적 ACE 이념을 추구하는 바, 자신의 전공 학과와 학교 프로그램에 관심을 가지고 적극 참여해 관계적으로 하나가 되는 공동체적 사랑을 경험할 수 있다.

4. 환경사랑

인간이 스스로를 존중하는 것으로부터 시작해 나아가 모든 사람과 생명체, 사물은 그들만의 가치가 있으며, 그 가치를 인정하고 소중히 여기고자 하는 기본 윤리는 존중(Respect)의 확장된 개념이다(손경원·정창우, 2014). 이것은 자기존중(Self-Respect)과 타인존중(Respect for Others), 그리고 생명존중(Respect for Life)으로 연계된다. 결국 인성 덕목으로의 사랑은 자연과 환경에 대한 보호와 유지에서 완성된다.

환경사랑에 대한 사례와 경험을 토론해 보자.

> 예시) 지구를 살리는 나의 변화 3분
> 1. 줄이기
>   - 일회용 플라스틱 컵 사용 줄이기
>   - 일회용 빨대, 영수증 거절하기(전자 영수증 신청)
>   - 자가용 운전을 줄이고 대중교통 이용하기

2. 재사용
- 텀블러와 머그컵 사용하기
- 장바구니 사용하기
- 나에게 필요없는 물건 나눠 쓰기(플리마켓, 중고마켓 등)

3. 재활용
- 재활용 마크가 표시된 제품 사용하기
- 택배 박스는 부착물(테이프, 송장) 제거한 후 납작하게 만들어 분리배출
- 플라스틱 뚜껑, 은박지, 라벨 등 재질이 다른 부분은 제거한 후 배출
- 기름, 음식물 등 이물질을 제거한 뒤 배출
- 영수증, 코팅지, 오염된 종이는 재활용하지 않기

활 동

▶ 나를 위한 활동

▶ 타인을 위한 기부

▶ 환경을 위한 기후변화 관심

학습평가

※ 다음 문제를 읽고 맞는 답을 고르시오.

1. 다음 중 인성 덕목으로의 사랑이 아닌 것은 무엇인가? ( )
　① 성적(性的)으로 이끌려 열렬히 좋아하는 마음의 상태
　② 타인을 존중하는 마음과 배려
　③ 인간의 본성이며 삶에 근본이 되는 것
　④ 사람에게 국한되지 않고 자연, 우주로도 확장되는 것

2. 스턴버그의 사랑의 삼각형 이론이 아닌 것은 무엇인가? ( )
　① 사랑　　　　　　　　　② 열정
　③ 헌신　　　　　　　　　④ 친밀감

※ 다음 문제를 읽고 인성교육인 사랑의 실천 대상으로 알맞은 것을 〈 보기 〉에서 고르시오.

〈보기〉

①	자기사랑	②	타인사랑	③	공동체사랑	④	환경사랑	⑤	우주사랑
⑥	신(神)에 대한 사랑			⑦	이기주의	⑧	가족주의	⑨	이타주의

3. 공공장소에서의 예절을 포함하여 온라인 상에서의 매너, 더불어 사는 사회에 대한 지향점이 되는 사랑의 실천 대상을 말한다. 버스에서 전화통화는 간단히, 큰소리로 대화하지 않기, 의자 발로 차지 않기, 소리나게 껌 씹지 않기 등 상대의 입장에서 정서적인 부분의 배려와 공감을 포함한다. ( )

4. 기후변화에 대응하고, 자연을 훼손하지 않으며 주변의 시설이나 비품을 아끼는 것을 의미한다. ( )

5. 사회전반에 대한 이타적인 인식을 바탕으로 봉사활동, 불우이웃 돕기와 같은 기부문화 형성 그리고 사회적 기업과 같은 사회적 책임활동을 포함하는 실천이다. ( )

제11장
감사

Personality Development

학습 목표

✻ 일반 목표 ✻

감사의 정의를 이해하고,
생활속에서의 고마움을 표현할 수 있다.

✻ 세부 목표 ✻

1. 감사란 무엇인지 설명할 수 있다.
2. 감사와 행복의 관계를 사례를 통해 발표할 수 있다.
3. 감사에 대한 나만의 표현방법을 세울 수 있다.

주요 용어

#감사 #행복 #감사방법 #표현방법 #조별활동

제11장
요약 정리

1. 감사는 나에게 베풀어진 다른 사람의 수고와 배려를 인식하고 고마움을 느끼는 능력을 말한다.
2. 인간의 행복은 감사하는 마음에서 얻을 수 있다. 인생의 최종목표인 행복한 삶을 위해 스스로의 태도를 변화시키면 삶의 질도 변화된다.
3. 감사하는 마음을 갖는 방법
   ① 감사목록 만들기
   ② 명상 또는 기도하기
   ③ 불평하지 않기
   ④ 긍정적인 사람들과 시간 보내기
   ⑤ 현재만을 생각하기
   ⑥ 감사하다고 말하기

제1절 감사의 이해

감사는 '고마움을 나타내는 인사, 고맙게 여김 또는 그런 마음'이라고 이해할 수 있다. 한자어로 느낄 감(感)과 사례할 사(謝)로 '고마움을 느끼어 사례를 하는 것', 즉 고맙게 여겨지는 마음으로부터 나오는 인사이다.

감사는 '그래티아(gratia)'라는 라틴어로 친절, 고마움, 은총을 의미하는데서 유래되었는데, 너무 당연하게 생각하는 것에 대한 보고, 듣고, 걷고, 숨 쉬는 이 순간 존재하는 것에 대해 무조건적인 감사의 마음과 태도를 의미한다.

제2절 감사와 행복

인간의 행복은 사람마다 다르겠지만, 일반적으로는 자신이 희망할 수 있는 좋은 미래와 감정이라고 할 수 있다. 자신이 원하는 바가 충족되어 만족하거나 즐거움과 여유로움을 느끼며 불안하지 않고 안심할 수 있는 것, 우리가 최종적으로 바라는 삶의 궁극적인 목표인 것이다. 앞서 바른 인성을 갖추고자 성장하고 좋은 관계를 맺고, 성공을 향해 노력하는 것도 결국은 나와 주변의 안녕, 그리고 함께 하는 이들과의 행복을 추구하기 위해서이다. 행복하지 않은 성공, 행복하지 않은 지위와 권력, 행복하지 않은 상태에서의 수많은 돈은 아무 의미가 없다.

우리나라 사람들의 행복지수[4]는 2021년 기준 경제협력개발기구(OECD) 최하위권으로 나타났다. 한국보다 순위가 낮은 OECD 국가는 그리스와 터키뿐이었다. 한국은 지난 2018~2020년 평균 국가 행복지수 10점 만점에 5.85점으로 전체조사 대상 149개국 중 62위, OECD 37개국 가운데 35위를 차지했다(나라경제, 2021). 행복하지 못한 경제성장은 삶의 질이 오히려 미흡해진다. 그렇다면 행복은 무엇인가? 다른 사람들이 정

---

[4] 유엔(UN)산하 자문기구인 지속가능발전해법네트워크(SDSM)가 국가별 국내총생산(GDP)과 기대수명, 사회적지지 등을 바탕으로 집계하는 지수를 말함.

의해 놓은 행복이 아닌, 내가 행복한 나의 행복은 무엇인가? 나만의 행복의 의미를 제대로 이해하고, 무엇이 나를 행복하게 해주는가, 내가 행복해지기 위해 바꿔야 하는 태도는 무엇인가를 고민해 보아야 한다.

그 첫 번째의 태도가 바로 감사하는 마음이다.

행복은 감사하는 마음에서 스스로 느껴야 하는 것이다. 행복이나 불행은 받아들이는 사람의 마음에 따라 커지기도 하고, 작아지기도 한다. 큰 불행이 찾아와도 같은 상황에서 '나에게 이런 시련은 더 노력하라는 가르침'이라고 생각하는 사람이 있는가 하면, "왜 나에게만 이런 일이 생기는 거야. 도대체 나한테 왜 이래"라고 억울해하고 비관하는 사람이 있다. 주로 문제를 외부에서만 찾는 '남의 탓'의 기본적인 성향이다. 국민에게 다양한 복지 혜택을 누리게 해주더라도 국가는 더 많은 것을 해주지 않아 부족하다고 불평만 한다면 늘 불행할 수밖에 없다.

이러한 감사는 어릴때부터 알게 해주어야 한다. 예전에 비해 풍요로운 환경에서 자라는 아이들은 내가 원하면 무엇이든 다 해주는 부모를 당연하게 생각하기도 한다. 물론 모두 그렇지는 않지만, 맞벌이를 하는 부모가 많아지면서 부모는 미안한 마음에 아이가 원하는 것을 무작정 다해주려고 한다. 그러나 이러한 조건없는 댓가를 주는 것은 아이의 성격 형성에 부정적인 영향을 미친다. 향후 자라면서 아이는 본인이 원하는 것을 조금이라도 채우지 못 할 경우 떼를 쓰거나 폭력을 휘두르게도 하는 성격이 될 수 있다. "무조건적인 것은 없다"는 것을 알게 해주고, 조건없이 베푸는 것들에 대해 당연하게 생각하지 않아야 한다. 남의 도움만을 바라고 감사할 줄 모르는 사람은 받기만 하는 생활에 안주하여 의욕이 없고, 열정과 도전을 모르게 된다. 자신의 상황만이 전부이며, 나눌 줄 모르기 때문에 늘 무엇을 요구하기만 한다. 다른 사람에게는 관심이 없다. 남의 것은 남으니까 주는 것, 줄만 하니까 주는 것으로 생각하기 때문에 감사하지 않다. 그저 당연한 것으로 간주한다. 이러한 생각은 이기적인 성격으로만 간주할 수 없다. 이것이 잘못된 것을 모르고 있을 확률이 크다. 나는 원래 부족하니까, 나는 원래 돈이 없으니까, 나는 불쌍하니까 도움만을 받아왔던 삶에서는 그것이 당연하다. 시간이 흘렀는데, 더 많이 도와주지 않아서 부족하고 불평한다. 이 과정에서 감사를 깨닫지 못하였기 때문이다. 이것은 한 개인의 문제는 아니다. 감사를 배우지 못했다. 마음으로 느끼지 못한다면 다음과 같은 연습을 통해 감사를 배워보자.

제3절 감사하는 마음을 갖는 방법

평소에 감사할 줄 아는 사람이 그렇지 않은 사람보다 더 행복하고 건강하다고 한다. 미국 캘리포니아 주립대학에서 청소년 700명을 대상으로 감사하는 마음과 정신건강에 대해 4년에 걸쳐 조사한 연구가 있다. 그 연구에 의하면 감사하는 마음을 크게 갖는 상위 20%의 학생은 하루 20%의 학생보다 삶에 대한 행복도와 희망적인 태도가 17% 더 많았고, 부정적이고 우울한 상태는 15% 더 적은 것으로 나타났다. 또한 연구기간 동안 감사에 대해 생각하고, 고마움에 대한 마음을 알게 되었으며 이런 마음이 커진 학생들은 음주, 약물, 결석이나 징계가 줄어들고, 비행을 저지를 위험이 낮아졌으며, 가정이나 학교에서 원만한 대인관계를 이루는 것으로 나타났다. 즉, 감사한 마음은 정신건강의 여러 측면에서 중요한 역할을 하게 되는 것을 말해 주었다. 감사를 마음속으로 생각만 하는 것보다는 다음과 같이 표현하는 연습을 해보는 것이 좋다.

1. 감사 목록 만들기

잠시 내 삶에 감사하는 시간 갖기는 가끔은 휴식을 취하는 것만으로도 기분이 나아지고 일상이 다시 자리를 찾은 것 같은 느낌을 받을 수 있다. 잠시 쉬며 감사해야 할 것들을 생각해 보자.

- 집이나 학교 근처 산책을 하거나 밖으로 나가 신선한 공기를 맡으며 휴식을 취해보자. 이렇게 쉬는 시간을 가질 수 있는 것, 스트레칭을 하는 것, 햇볕을 쬐는 것 등에 대한 감사
- 아침에 마시는 커피 한 잔, 푹신한 베개, 버스에 남겨져 있는 한 칸의 자리 등과 같은 사소한 것에 대한 감사

위와 같은 일을 손으로 적어 보자. 손으로 글을 쓰는 것은 속도가 느리기 때문에 생각을 의미있는 방향으로 집중시킬 수 있다. 감사할 일이 생각이 안 난다면, 감사하다고 느끼는 척이라고 해보자. 나의 태도를 변화시키는 방법을 배우는 중이다.

사소한 것이라도 하루에 다섯 문장을 기록하는 간단한 일이 장기적으로 볼 때, 정신적 그리고 신체적 건강에 모두 큰 영향을 준다. 처음에는 감사리스트를 만들고, 감사 메모를 정리해 보고, 이것이 익숙해졌다면 감사 일기를 써보는 것도 좋다. 매일 가장 감사한 일들을 떠올리는 시간을 갖는 것만으로도 행복한 습관이 될 것이다. 특히 삶이 힘든 시기에, 전에 썼던 감사 일기를 다시 읽어보는 것이 도움이 되기도 한다. 어려운 시간을 보내고 있다면 더욱 감사 일기가 필요할 것이다.

- 아주 심하게 아픈 병에 걸렸을 때에도 나에게 저녁을 차려주는 누군가가 있다는 것
- 따뜻한 침대에 누울 수 있다는 것
- 반려묘 옆에서 잘 수 있다는 것

오히려 위와 같은 사소한 일들이 큰 아픔에 대한 트라우마를 극복하는 데 도움이 되기도 한다.

2. 명상 또는 기도하기

명상 또는 기도를 하면 현재 상황에 의도적으로 마음을 고정시키게 되면서 긍정적인 태도를 기르는 데 도움이 된다. 하루 일정한 시간을 내서 기도나 명상을 하자. 꼭 길게 할 필요는 없다. 3~5분 정도만 꾸준히 해 주어도 자신의 태도를 변화시키는 데 도움이 될 것이다.

- 종교를 가지고 있다면, 자신 종교의 기도 의식을 하면 된다. 종교적인 사람이 아니라면 명상을 해도 괜찮다고 느낄 것이다.
- 뭔가 자신이랑 안 맞는 것 같아도 명상과 기도는 그 자체로 연습이다. 연습은 하면 할수록 더 잘하게 된다. 처음에는 큰 차이를 못 느끼겠지만, 시간이 흐르면 주위에서 무슨 일이 일어나든 차분히 평온하게 대응을 하고 있는 자신을 보게 될 것이다.

3. 불평하지 않기

불평할 시간에 인생의 좋은 점을 찾아보자. 의식적으로 긍정적인 면에 더 관심을 갖

도록 노력하는 것이다. 내 주변의 좋은 일들이 좋은 경험이 되도록 하자.
- 나도 모르게 불평을 하고 있다면 빨리 눈치채고 자신의 관심을 다른 긍정적인 것으로 돌리자.
- 불평을 하게 되면 그때 자신이 가질 수 있었던 것에만 집중을 하게 된다.
- 실제로 어떻게 해야 할지는 고민을 하지 않기 때문에 무기력함에 빠지기 쉽다.
- 불평은 과거만을 돌아보게 한다. 행복은 현재형이다.

4. 긍정적인 사람들과 시간 보내기

자신의 기운과 생산력을 떨어뜨리고 우울하게 만드는 사람들이 주위에 있다면, 삶에 대한 새로운 태도를 기르기 위해서 그 사람들과 보내는 시간을 줄이는 것이 좋다. 우울한 뉴스를 피하고 힘을 주는 기사들을 읽자. 하루에 접하는 부정적인 정보의 양을 제한해 보자.
- 힘든 시간을 보내고 있는 친구를 버리라는 의미는 아니다. 부정적이고 불만이 많은 친구가 항상 불평만 한다면, 잠시라도 그 친구와 거리를 두고 쉬는 시간이 필요하다.
- 부정적인 사람이 사장님이나 직장 상사처럼 항상 봐야 하는 사람이라면, 그 사람들의 부정적인 생각을 활용하자. 부정적인 사고가 어디에서 오는지 분석하고, 긍정적인 사고로 대응해 보자.

5. 현재만을 생각하기

삶에 대한 새로운 태도를 기르려면, 현재에 관심을 두어야 한다. 과거에 있었던 힘든 경험만 떠올리고 있다거나, 다가오지도 않은 미래에 대해서 계속 걱정하고 있다면, 그 관심을 현재의 자신에게 돌려보자.
- '지금', '현재', '돌아가자' 같은 특정한 단어나 문구들을 이용해 자신의 관심을 현재로 돌릴 수 있다.
- 집중력을 잃어버린다고 해서 자신을 질책하지 말자. 긍정적인 태도를 기르려면 자

신에 대해 관대하고 친절해야 한다.

6. 감사하다고 말하기

바쁘다는 핑계로 소중한 사람들을 소홀히 하는 경우가 있다. 다음에 해야지, 쑥스럽게 말로 해야 아냐고 한다. "당신이 나에게 얼마나 소중한 사람인지", "당신이 해주는 모든 일들이 내게 얼마나 큰 의미인지" 반드시 표현해 주자. 감사를 표현하고 싶은 1순위는 누구인가? 가장 가까운 곳에서 먼저 찾아보자.

- 엄마가 도시락을 싸주셨다면 전화나 문자를 간단하게 보내보자 "엄마, 도시락이 너무 맛있어요. 잘 먹고 오늘도 힘냅니다. 감사합니다"
- 가족이 모일 수 있는 시간을 정해 차례로 감사한 일을 이야기 해보는 것도 좋다
- 식사하기 전 오늘 감사했던 일 하나씩 말하기
- 가능한 구체적이면 더 좋다. "가족들이 항상 옆에 있어 줘서 감사합니다", "우리 가족이 주말마다 주말농장 가꾸는 것에 동참하여 감사합니다" 등 서로 표현해 주기

함께 만날 시간이 어렵다면 메모나 편지를 이용하자. 나에게 시간이든 노력이든 선물이든 자발적으로 도움을 주었던 고마운 사람들에게 감사의 마음을 담아 편지를 써보자. 아주 긴 내용으로 쓰지 않더라도 나에게 신경써 준 시간, 노력, 금전적인 부분에 대해 짧게라도 감사인사를 보내는 것이다. 문자, 이메일, 음성메시지, 포스트잇 메모지, 꽃이나 하트모양의 메모장을 사용하는 것도 좋다.

음식점에서 음식을 주실 때, 카페에서 커피를 내어줄 때, 앞 사람이 문을 잡아줬을 때, AS센터에서 수리기사가 휴대폰을 고쳐줄 때, 택배를 직접 전달해 주실 때, "감사합니다"라고 소리내어 말해보자. 소리를 내어 표현하는 행위는 일종의 최면이 된다. 특정한 어떤 일에 대해서 감사함을 느낄 때도 있지만, 감사하다는 말을 반복함으로써 뇌에 각인시키는 것이다.

- 오늘은 아침을 먹을 수 있어서 감사하다
- 비가와서 나무들이 생기를 찾을 수 있어서 감사하다
- 비가와서 새로 산 장화를 꺼내 신을 수 있어서 감사하다

감사하는 훈련은 소리를 내어 말을 함으로써 분노나 긴장, 우울 등의 건강문제를 완화할 수 있다. 사람들에게 감사하다고 말할 때는 상대가 내 진심을 느낄 수 있도록 눈을 마주치고 미소를 지으며 말하도록 한다.

너무 작은 소리로 다른 곳을 보면서 말한다면 상대는 듣지도, 느끼지도 못한다. 누구에게 하는 말인지도 모르고 지나칠 수 있다.

감사하는 법을 배운다고 해서 나쁜 일이 일어나지 않는다거나 이미 일어난 나쁜 일이 바뀌지는 않는다. 그저 안 좋은 일들을 잘 해결하는데 도움이 되고, 더 나쁜 일들로 인해 마음이 흔들리는 것을 조금 막아주는 것일 뿐이다.

나에게 일어나는 일을 내 마음대로 할 수는 없다. 그러나 그 일에 대해 내가 어떻게 대처할 것인지는 내가 정할 수 있다.

사람들이 나에게 베풀어주는 작은 호의에 감사하자. 그 호의에 아주 가끔이라도 감사하는 마음을 갖자. 그러면 다른 사람도 더 잘 감사하게 된다. 내 작은 감사의 표현이 누군가에게는 하루를 이겨내는 큰 기쁨이 될 수도 있다.

출처 : 위키하우, 감사하는 방법, Trudi Griffin, 글 인용.

활 동

▶ 감사목록 만들기

▶ 규칙적인 명상 혹은 기도 시간 만들기

▶ 내 주변 긍정적인 친구 찾기, 나에게 긍정 에너지를 주는 사람 명단 만들기

▶ 감사하다고 말하기

학습평가

※ 다음 문제를 읽고 맞는 답을 고르시오.

1. 다음 중 감사의 의미가 아닌 것을 고르시오. ( )
   ① 타인의 친절에 대한 고마운 마음
   ② 존재에 대한 무조건적인 감사
   ③ 행복을 느낄 때만 나타나는 심리상태
   ④ 고맙게 여겨지는 마음에서 나오는 인사

2. 행복에 대한 의미가 다른 것을 고르시오. ( )
   ① 자신이 그려놓은 희망에 대한 마음
   ② 즐겁고 좋은 감정의 심리상태
   ③ 원하는 바가 충족되어 만족하거나 여유로움을 느끼는 마음
   ④ 목표를 달성하기 위해 이용하는 방법

3. 다음 중 감사에 대한 태도로 맞는 것은 무엇인가? ( )
   ① 나는 소중하니까 사람들이 나를 돕는 것은 당연한 것이다.
   ② 내가 받은 도움만큼 성장하고 타인과 나누고 싶다.
   ③ 풍요로운 사람이니까 혹은 줄 만하니까 나에게 베풀어 주는 것이다.
   ④ 도움은 늘 부족하다.

4. 감사하는 마음을 갖는 방법이 아닌 것을 고르시오. ( )
   ① 고마움은 마음속에 기억해 둔다.
   ② 현재만을 생각한다.
   ③ 명상 또는 기도를 한다.
   ④ 감사일기를 쓴다.

5. 감사한 마음을 갖는 사람은 그렇지 않은 사람보다 더 행복하다고 한다. 그 이유를 써보자.

정답

Personality Development

정답

제1장 자아인식

1. 정답 : ②
2. 정답 : ④
3. 정답 : ③
4. 정답 : ⑨
5. 정답 : ⑩
6. 정답 : ①
7. 정답 : ④
8. 정답 : ③
9. 정답 : ④
10. 정답 : 시각장애 영역, Blind Area, 눈먼자아 자기주장형 타입

제2장 가치관

1. 정답 : ⑧
2. 정답 : ⑨
3. 정답 : ⑪
4. 정답 : ②, ④
5. 정답 : ①
6. 정답 : ⑦

제3장 자존감

1. 정답 : ②
2. 정답 : ⑪
3. 정답 : ⑫
4. 정답 : ⑭
5. 정답 : ⑥

제4장 겸손

1. 정답 : ③
2. 정답 : ⑤
3. 정답 : ⑪
4. 정답 : ⑩, ⑨
5. 정답 : ⑫
6. 정답 : ③
7. 정답 : ④
8. 정답 : ①

제5장 존중

1. 정답 : ②
2. 정답 : ⑬
3. 정답 : ⑩
4. 정답 : ⑧
5. 정답 : ⑨
6. 정답 : ④
7. 정답 : ②
8. 정답 : ②

제6장 배려

1. 정답 : ⑥
2. 정답 : ①
3. 정답 : ⑤
4. 정답 : ⑮
5. 정답 : ⑯
6. 정답 : (기대), (집중)
7. 정답 : ③

제7장 소통

1. 정답 : ③
2. 정답 : ③
3. 정답 : ④
4. 정답 : ①
5. 정답 : (배려), (인정), (경청)

6. 정답 : (스트로크)

제8장 공감

1. 정답 : ②
2. 정답 : ④
3. 정답 : ① (바로 질문하지 말고, 끝까지 상대방의 말을 들은 후에 질문한다.)
4. 정답 : ②
5. 정답 : ①
6. 정답 : (공감리더십)
7. 정답 : (동정), (공감)
8. 정답 :
Q1. '김대리 그렇게 일하지마'
A1. ('김대리, 나는 말이야, 자네가 이렇게 행동하면 참 좋겠어. 혹시 그렇게 해줄 수 있겠나?')
Q2. '철수씨, 이거 왜 이렇게 했어? 이렇게 밖에 못해?'
A2. ('철수씨, 이렇게 하는게 더 좋았을텐데 다음에는 이렇게 하면 어떨까?')
Q3. '넌 항상 그게 문제야. 내가 말하는거 들었어 안 들었어, 또 딴 생각했지'
A3. ('내가 생각할 때 너는 내가 하는 말을 무시하는걸로 보여서 기분이 참 안 좋아, 내가 말하고 나면 니가 어떻게 생각하는지 말해 줄 수 있어?')

제9장 책임감

1. 정답 : ③
2. 정답 : ①
3. 정답 : ④
4. 정답 : ④
5. 정답 : ④
6. 정답 : 이유가 있어서 거절했는데, 오히려 저에게 너무 하시는 것 같습니다. 죄송하지만 같은 말을 반복하고 싶지 않습니다. 예의를 지켜주세요. 저도 마음이 좋지 않네요

제10장 사랑

1. 정답 : ①
2. 정답 : ①
3. 정답 : ②
4. 정답 : ④
5. 정답 : ③

제11장 감사

1. 정답 : ③
2. 정답 : ④
3. 정답 : ②
4. 정답 : ①
5. 정답 : 평상시 당연하다고 생각하는 것들에 대해 감사의 의미를 부여하고, 스스로 존중받는 느낌을 갖게 될 수 있다. 모든 것에 고마운 마음을 스스로 느끼게 될 때, 스스로 나는 행복한 사람이고, 그만큼의 가치가 있다고 느끼게 된다. 이러한 감사를 체험함으로 자신의 잘못을 스스로 깨닫고, 타인을 위해 자신도 행동하고자 한다. 나의 행동이 누군가에게 필요한 일이 되어 의미있기를 바라게 된다.

　이러한 마음은 대인관계를 이루는 데 긍정적인 역할을 하게 된다. 마음속으로 생각만 하는 것보다는 감사를 표현하는 것이 좋다. 감사의 표현방법은 사람마다 다르지만, 우선은 큰소리로 말하는 것부터 시작한다.

참고 문헌

김경순(2002). 자기성장 프로그램이 아동의 자아존중감과 따돌림 행동에 미치는 효과. 제주대학교 교육대학원 석사학위논문.
김정택·심혜숙·제석봉(1995). MBTI 개발과 활용. 한국심리검사연구소.
김춘경·이수연·이윤주·정종진·최웅용(2016), 상담학사전세트, 학지사.
국가직무능력표준(NCS)백서, 자기개발능력 학습자용 가이드북, 자아인식능력 D-2-가, p.28
로버트 스턴버그 지음, 류소 엮음(2002). 로버트 스턴버그의 사랑의 기술. 서울: 사군자.
로버트 스턴버그(1986), 최연실 편역(2001). 사랑의 심리학. 하우기획출판, p.45.
미국 국무부(2004), 미국의 명연설, 주한 미국대사관 공보과.
박상미(2020), 관계에도 연습이 필요합니다(타인으로부터 나를 지키는 단호하고 건강한 관계의 기술, 웅진지식하우스 도서.
박성후(2010). 포커스 씽킹. 경향미디어.
손경원·정창우(2014). 교과교육학 : 초, 중, 고 학생들의 인성 실태 분석 및 인성교육 개선 방안 연구, 한국윤리교육학회, 33, pp.27-52.
스티븐 코비 지음, 김경섭 옮김(2003).『성공하는 사람들의 7가지 습관』. 김영사.
심리학용어사전(2014), 한국심리학회(http://www.koreanpsychology.or.kr)
이군자(2009). 내현적 자기애와 사랑의 구성요소 및 심리적 안녕감 간의 관계. 동국대학교 교육대학원 석사학위논문. pp.19-20.
이윤선·강혜영·김소정(2013). 대학생 인성 검사도구 타당화 연구, 윤리교육연구, 31, pp.261-282.
이철수(2009), 사회복지학사전, Blue Fish제공.
장미희(1995). 애착유형과 사랑유형과의 관계연구-신학생들의 사랑 경험을 중심으로. 석사학위논문. 침례신학대학교 대학원 석사학위논문.
장유진·이강이(2011), 유아의 기질, 유아-어머니 조화적합성이 유아의 자기지각에 미치는 영향, 한국아동학회지 제32권 제3호, 59-76.
전재선·최종욱(2012). 유아교사 인성 자기평가도구 개발에 관한 연구. 한국보육학회지, 12(1), pp.149-174.
최경희(2014). 지역연계 문화예술교육 실행사례 연구- 청소년 대상 무용, 연극, 영상 예술교육 프로그램. 한국무용학회, 25(2), 43-57.
최은영(2021), SAMJONG KPMG Newletter, Vol6, 공감의 기술.
황지현(2016). 배려 공동체에 기초한 인성교육 사례연구. 이화여자대학교 대학원 석사학위 논문. p.20.

경향신문(2013.12), [건강칼럼] 자존감이 낮은 사람일수록 자존심 센 척한다?(https://www.khan.co.kr/print.html?art_id=201312061610182).
국가직무능력표준(NCS)백서, 자기개발능력 학습자용 가이드북, 자아인식능력 D-2-가, p.28.
나라경제(2021), KDI 경제정보센터 정보지 5월호.
나무위키(https://namu.wiki/w/%EB%8F%99%EC%A0%95).
네이버 국어사전(https://ko.dict.naver.com).
네이버 지식백과(https://terms.naver.com/search.naver?query=SWOT).
네이버 지식백과, 심리학용어사전(2014).
대통령직속 4차산업혁명위원회. 한국생명존중희망재단의 생명을 구하는 데이터(https://www.youtube.com/watch?v=jCXEjSipiPI).
대한신경정신의학회, 정신이 건강해야 삶이 행복합니다, 자존감을 키우는 방법, 네이버 지식백과(https://terms.naver.

com/entry.naver?docId=2110006&categoryId=51011&cid=51011).
대한신경정신의학회, 정신이 건강해야 삶이 행복합니다, 자존감을 키우는 방법, 네이버 지식백과(https://terms.naver.com/entry.naver?docId=2109917&cid=51011&categoryId=51011).
셀프컴퍼니. 부탁 거절하는 방법(https://www.youtube.com/watch?v=2rlGQNsOFkU).
스브스뉴스. "동물도 행복할 권리가 있다.", 세계 동물권 선언 40년(https://www.youtube.com/watch?v=oJhx3ox3z8A).
용툰과 교육영상. 생명 존중 교육 – 소중한 나(https://www.youtube.com/watch?v=7d_GFUU54kY).
은주쌤의위클래스. 생명존중교육(생명 존중 및 자살 예방 게이트키퍼교육)(https://www.youtube.com/watch?v=zgDO4u9X7yU).
위키백과(https://ko.wikipedia.org/wiki/).
위키하우, 감사하는 방법(https://ko.wikihow.com/).
자취방남자movie comment. [방구석1열 영상] "나, 다니엘 블레이크"(https://www.youtube.com/watch?v=84FkIyizqFM).
통계청(2021), 「사망원인통계」, 행정안전부, 국가지표체계, K indicator(https://www.index.go.kr/unify/idx-info.do?idxCd=8040).
학지사 http://www.hakjisa.co.kr
한국산업인력공단 직업기초능력 자기개발능력 학습자용 워크북 ,p.39, 국가직무능력표준 홈페이지(http://www.ncs.go.kr).
한국심리학회 http://www.koreanpsychology.or.kr,
EBSi 고교강의. EBS [5분사탐] 인간 존중 (https://www.youtube.com/watch?v=BIRop6No0IU).
MBCNEWS. 동물권 단체 '케어'(https://www.youtube.com/watch?v=rjpZhpfTMDg).
JTBC News. [소셜스토리] 당신이 가스라이팅 당하고 있다는 증거(https://www.youtube.com/watch?v=Y1_Zz8heiOU).
pmg지식엔진연구소, 시사상식사전, 박문각(https://home.kpmg/kr/ko/home/newsletter-channel/202106/mind-care.html).
poscoancstory. [윤리경영 UCC] 인간 존중 위반행위 발생시 행동요령 (https://www.youtube.com/watch?v=swdUvwXqWVo).
YTN news. "동물도 권리 있다, 동물권" (https://www.youtube.com/watch?v=Gclw_ngl1_k).

Alfrad Adler(알프레드 아들러), 「인간이해」, 라영균 옮김, 일빛출판, 2009. 2.
Allport, G. W. (1961). Pattern and growth in personality.
Asendorpf. J. B, Warkentin. V. & Baudonniere. P. M.(1996), Self-awareness and other-awareness. II: Mirror self-recognition, social contingency awareness, and synchronic imitation. Developmental Psychology, 32(2), 313-321.
Nicholson, I. A., (1998). Gordon Allport, character, and the "Culture of personality" 1897-1937. History of Psychology, 1, 52-68.
BBT University. The Avatar Graduation Ceremony at BBT University(https://www.youtube.com/watch?v=jYaZBadsWfY).
Berne, Eric(1961), 「Transactional analysis in psychotherapy」, Publisher : New York Castle books.
Block, Melissa(2018), "How The Myers-Briggs Personality Test Began iIn A Mother's Living Room Lab".
Celia A. Brownell & Michael Sean Carriger(1990), Changes in Cooperation and Self-Other Differentiation during the Second Year. Child Development, 61(4), 1164-1174.
Changes in Cooperation and Self-Other Differentiation during the Second Year. Child Development, 61(4), 1164-1174.
Chess, Stella, MD; Thomas, Alexander, MD.(1977), "Temperament and the Parent-Child Interaction", Pediatric Annals; Thorofare Vol. 6, Iss. 9,

Claude M. Steiner(1971), "The Stroke Economy", Transactional Analysis Bulletin, Vol.1 Issue 3, 9-15.

Conrad, D. & Hedin(1991), School-based community service: what we know from research and theory, Phi Delta Kappan, p743~749.

Fundamental Interpersonal Relations Orientation™, The Myers-Briggs Company, https//asia.themyersbriggs.com/instruments/firo/

G. Gallup(1979), Self-recognition in chimpanzees and man: A developmental and comparative perspective, In: M. Lewis & L.A. Rosenblum (Eds.), The Child and Its Family (pp. 107-126). New York: Plenum Press.

Gordon G. Gallup(1979), "Self-Awareness in Primates: The sense of identity distinguishes man from most but perhaps not all other forms of life", American Scientist, Vol.67, No.4,(July-August), 417-421.

Hogan, Robert(2007). Personality and the fate of organizations, Mahwah, NJ : Lawrence Erlbaum Associates. p.28.

Markman, A.B.,& Gengther, D(1996). Commonalities and differences in similarity comparisons. Memory & Cognition. 24. 235-249.

Myers, Isabel Briggs; McCaulley Mary H.; Quenk, Naomi L.; Hammer, Allen L.(1998). MBTI Manual "A guide to the development and use of the Myers Briggs type indicator", (3rd ed.), Consulting Psychologists.

Nabanita Datta Gupta, Nancy L. Etcoff, Mads M. Jaeger(2016), "Beauty in Mind: The Effects of Physical Attractiveness on Psychological Well-Being and Distress, Journal of Happiness Studies, 1313-1325.

Nicholson, I. A., (1998). Gordon Allport, character, and the "Culture of personality" 1897-1937. *History of Psychology, 1*, 52-68.

Pipp, S., Easterbrooks, M. A., & Harmon, R. J. (1992). The relation between attachment and knowledge of self and mother in one- to three-year-old infants. Child Development, 63(3), 738 - 750.

Richard G. Arno(1993), 「Temperament Theory」 N.C.C.A, 8th edition(January 1,1993).

Ross A. Thompson, Abby C.Winer, R. Goodvin(2010), 「The individual child: Temperament, emotion, self and personality」, Developmental science, Psychology Press, p.42.

Self-awareness and other-awareness. II: Mirror self-recognition, social contingency awareness, and synchronic imitation. Developmental Psychology, 32(2), 313 - 321.

Self-recognition in chimpanzees and man: A developmental and comparative perspective. In M. Lewis & L.A. Rosenblum (Eds.), The Child and Its Family (pp. 107-126). New York: Plenum Press.

Steiner(1971), "Transactional Analysis Bulletin, Vol.1 Issue 3, 9-15.

The development of the person: Social understanding, relationships, conscience, self. In W. Damon, R.M. Lerner, & N. Eisenberg(Eds.) Handbook of Child Psychology, Vol. 3 Hoboken, NJ: John Wiley & Sons.

The Relation between Attachment and Knowledge of Self and Mother in One-to Three-Year-Old Infants. Child Development, 63(3), 738-750.

Thomas, A., & Chess, S.(1977), "Temperament and development. New York: Brunner/Mazel.

Thompson, Ross A(2007). The development of the person: Social understanding, relationships, conscience, self. Handbook of Child Psychology, Vol. 3.

Verklan, MT(2007), "Johari window-A model for communicating to each other", JOURNAL OF PERINATAL & NEONATAL NURSING, Vol(21), Issue2, (173-174).

찾아 보기

ㄱ
가스라이팅	70
가치관	35
감사	189
감정적 공감 능력	151
거절	165
겸손	81
공감	149
공감능력	149
공동체사랑	182
그레이존	103
기질	13, 14, 17

ㄴ
나쁜 소통	128

ㄷ
동물권	100, 101

ㅂ
배려	113

ㅅ
사랑	177
사랑의 구성요소	178
소통	127
소통 플랫폼	133
스트로크	137
스트로크 지수	140

ㅇ
열정	179
인권	97
인성덕목	118
인정자극	137
인지적 공감 능력	150

ㅈ
자각	11
자기사랑	180
자기사명서	40, 41, 42, 46
자기탐색	18, 19
자아분석	20
자아인식	11, 12, 13, 21
자아인지	11
자존감	55, 58
조해리의 창	28
존중	95
좋은 소통	127

ㅊ
책임/헌신	180
책임감	163
친밀감	179

ㅋ
콤플렉스	59

ㅌ
타인사랑	181

ㅍ
퍼스널 스페이스	102
포커스 씽킹	43, 45

ㅎ
행복	190
환경사랑	182

FIRO-B™	15, 16
MBTI	22
NCS	12
R&R	164
SWOT 분석	173

Personality Development

저자 소개

윤 정 인

jungin@daelim.ac.kr

연세대학교 정보시스템 박사
이화여자대학교 비서정보학 석사
경기대학교 서양화/경영학 학사

현(現) 대림대학교 소방안전설비과 조교수/
　　　직업교육혁신센터 교양과목 담당

1급 심리상담사(국제심리상담학회)
1급 다문화심리상담사(한국산업인력진흥원)
「체험적 인성캠프」, 인성교육 「멘토의 리더십」,
「튜터링 상담」 프로그램 진행